Das Herz verlässt keinen Ort,
an dem es hängt

Herausgegeben von
Annika Reich und Lina Muzur

Das Herz verlässt keinen Ort, an dem es hängt

Weiter Schreiben –
Literarische Begegnungen
mit Autorinnen und Autoren
aus Krisengebieten

Ullstein

ISBN 978-3-550-05068-8

© 2018 Ullstein Buchverlage GmbH, Berlin
Alle Rechte vorbehalten
Gesetzt aus der Minion Pro und Futura LT
bei LVD GmbH, Berlin
Druck und Bindearbeiten: CPI books GmbH, Leck
Printed in Germany

Diese Anthologie ist ein Projekt von WIR MACHEN DAS in Kooperation mit dem Gunda-Werner-Institut in der Heinrich-Böll-Stiftung und wurde durch den Hauptstadtkulturfonds, die Schering Stiftung und das Goethe-Institut gefördert. Wir danken unseren Förderern.

Inhalt

Vorwort 11

Salma Salem und Saša Stanišić 17
  Salma Salem lacht in Damaskus 18
  Wir vertreiben uns die Zeit mit den Nachrichten von
  unseren Tragödien und werden betrunken davon 21

Widad Nabi und Annett Gröschner 29
  Unter Hunderten 30
  Das Herz verlässt keinen Ort, an dem es hängt 33
  Der Ort von Erinnerung beleuchtet 39
  Hätte ich ein Gartenherz 44
  Briefe von 14 Gazellen 48

Noor Kanj und Svenja Leiber 51
  Von der Begegnung vieler Emoticons bis
  zur Begegnung zweier Menschen 52
  Doch du enttäuschst uns stets 56
  Dieser komplizierte Stein 60
  Wer bringt mir mein Haus zurück? 64

Rabab Haidar und Ulla Lenze 67
  Der Wunsch wächst 68
  Das Herz eines Wolfs kochen 72

Lina Atfah und Nino Haratischwili 81
  Das Verteilen von Herzsplittern 82

In meiner Hand erblühte ... 92
Sieben Gesichter, die bleiben ... 96

Fady Jomar und David Wagner ... 101
Ein zweites Leben geschenkt bekommen ... 102
Koffer ... 108
Stark ist der Arrak ... 112
Lieder der Kälte ... 116

Galal Alahmadi und Tanja Dückers ... 119
Ein Monster, das immer fortfahren wird ... 120
Vom Krieg ... 124
Zu Hause ... 127
Weniger Hass ... 136

Yamen Hussein und Lena Gorelik ... 139
Landkarte der Gefühle ... 140
Der Fluch des Gedächtnisses und die Schatten der Hubschrauber ... 146
Wäscheleine ... 152

Ali Al-Kurdi und Martin Kordić ... 153
Was vor uns liegt ... 154
Mein Vater ist ein Foto mit Rahmen ... 155

Mariam Meetra und Antje Rávic Strubel ... 161
Schnee von gestern ... 162
Abschiedsbrief ... 166
Identität ... 170
Erinnere dich an mich ... 174

Samuel Mago und Olga Grjasnowa ... 177
Ein ständiger Spagat ... 178
die ungegossene ... 179

Rasha Habbal und Nora Bossong	189
Die Unterschiede des Wassers	190
Scheckige Hände	194
Ahmad Katlesh und Michael Krüger	199
Also baut er einen Kanal	200
Kinder des Lehms	204
Das Gedächtnis des Kühlschranks	208
Omar Al-Jaffal und Kristine Bilkau	209
Berlin, Bagdad, Düren	210
Brief aus einer zugrunde gehenden Welt an Heinrich Böll	216
Souad Alkhateeb und Antje Rávic Strubel	223
Wut strömt aus den Zeilen	224
Catherine Deneuve sieht mir nicht ähnlich	225
Ramy Al-Asheq und Monika Rinck	233
Gedichte übersetzen	234
Was Wikipedia nicht über Monika Rinck weiß	237
4 Gedichte	242
Den Dichtern folgt nur ihre Traurigkeit	248

Anhang	
Autorinnen und Autoren	251
Illustratorinnen und Illustratoren	261
Übersetzerinnen und Übersetzer	267
Kuratorinnen	269
Bildnachweise	271

Vorwort

2017 haben wir Autorinnen und Autoren aus Krisengebieten gefragt, was sie sich wünschen. Die Antwort, die wir am häufigsten bekommen haben, lautete: »Weiterschreiben.« Weiterschreiben zu können heißt aber auch, weiter gelesen zu werden. Denn das Schreiben und das Gelesenwerden gehören zusammen. Man schreibt nicht für sich, man schreibt aus sich heraus. Für Autorinnen und Autoren ist es elementar, dass der Prozess des Schreibens nicht abbricht. Schreiben ist nicht nur eine Kunst, es ist auch eine Lebensform, eine Art, die Welt wahrzunehmen, sie sich begreiflich zu machen und sich dadurch in Beziehung zu setzen mit ihr. Das gilt für Autorinnen und Autoren aus Krisengebieten in besonderem Maße. Für sie ist der Schreibprozess durch die politische Situation nicht nur unterbrochen, sondern das Schreiben ist für einige von ihnen sogar lebensgefährlich geworden. Mussten sie ihre Heimat verlassen, bricht zudem oft der eigene Sprachraum weg. Dann ist es umso wichtiger, mit Übersetzungen eine Brücke in den neuen Sprachraum hinein zu bauen.

Weiter Schreiben hat für uns aber auch noch eine zweite Bedeutung: Denn es beinhaltet nicht nur das zeitliche Kontinuum, sondern auch eine räumliche Ausdehnung, eine Erweiterung der Perspektive. Allzu oft fehlen die Stimmen von Menschen, die hierher geflohen sind, in der öffentlichen Debatte, meist wird über sie gesprochen und nicht mit ihnen. Die Autorinnen und Autoren, die hier versammelt sind, lassen das nicht zu. Sie ergreifen selbst das Wort und erweitern so die durch den dominanten medialen Diskurs geprägten Vorstellungswelten. Ihre Texte vertiefen den transkulturellen

Dialog und durchkreuzen so Stereotype und Lesegewohnheiten. Der Brückenschlag geht also in beide Richtungen, denn auch die meisten Deutschen bedürfen eines Zugangs zu arabischen Lebensräumen und kulturellen Traditionen; die meisten von uns wissen kaum etwas über arabischsprachige Literatur, und darüber, wie der Alltag in Krisen- und Kriegsgebieten sich gestaltet, wissen wir meist noch viel weniger. »Wenn wir mehr wüssten von dem, was andere wissen, und wenn wir dieses Wissen in gemeinsam erzählten Geschichten auch anderen zur Verfügung stellen könnten, dann würde – vielleicht – hier und dort das Wissen die Empathie wecken und die Empathie das Handeln, das Handeln würde aber das Wissen nicht unnütz werden lassen«, schrieb Saša Stanišić dazu.

Mit *Weiter Schreiben* sind wir also dem Wunsch der Autorinnen und Autoren gefolgt und haben ein Portal für Literatur aus Krisengebieten eröffnet, das ein Weiterschreiben und ein Weiter-gelesen-Werden ermöglicht. Seit Mai 2017 veröffentlichen wir jede Woche einen Text in Originalsprache und auf Deutsch auf unserer Website www.weiterschreiben.jetzt. Die Texte, die hier in der Anthologie versammelt sind, stellen eine Auswahl aus diesen wöchentlichen Publikationen dar. Jeder dieser Texte ist von geflüchteten Künstlerinnen und Künstlern illustriert. Einige dieser Zeichnungen, Collagen und Fotografien sind eigens für die Texte entstanden.

Wir haben es den Autorinnen und Autoren freigestellt, über welche Themen sie schreiben. Es sind viele Texte über Krieg, Vertreibung und Flucht entstanden, die auf sehr unterschiedliche Arten vom Grauen oder eben gerade nicht vom Grauen erzählen, aber so geschrieben sind, dass es zwischen den Zeilen spürbar wird. Uns sind aber auch andere Texte geschickt worden: eine erotische Liebeserklärung von einer Frau an eine Frau, Porträts von deutschen Dichterinnen und Dichtern, ein Brief an Heinrich Böll, Texte über Gartenherzen, Kühlschränke und Wäscheleinen und über den Rotlichtbezirk in Amsterdam. Unsere Autorinnen und Autoren kommen aus Syrien, dem Irak, dem Jemen und aus Afghanistan. Wir veröffentlichen auch Roma- und Sinti-Autorinnen und Autoren, die in Deutschland, Österreich und Ungarn leben, weil Krisengebiete nicht immer woanders sind, sondern für manche Menschen mitten in Europa.

Damit die Autorinnen und Autoren einen Zugang zum deutschen Literaturbetrieb bekommen, haben wir sie mit renommierten deutschsprachigen Autorinnen und Autoren zusammengebracht. Uns war die Herausforderung einer solchen Zusammenarbeit bewusst, auch konnten wir vorher nicht wissen, wie genau sich diese einzelnen Tandems gestalten würden. Es gab Sprachbarrieren zu überwinden, manche Tandempartner mussten mit Übersetzerinnen und Übersetzern zusammenarbeiten, andere können nur per Skype oder E-Mail miteinander kommunizieren, weil sie nicht zur selben Zeit am selben Ort sein können.

Alle der hier teilnehmenden deutschsprachigen Autorinnen und Autoren haben innerhalb von wenigen Tagen ihre Teilnahme an unserem Projekt zugesagt. Auf die Frage nach dem Warum schrieb Martin Kordić: »Sprachen, Grenzen, Dokumente. Das alles engt ein, bedrängt, schließt aus. In diese Mauern müssen Löcher geklopft werden, durch diese Löcher müssen Geschichten erzählt und Hände gereicht werden.« Ulla Lenze schrieb: »2016 nahm ich in Basra an einer Konferenz irakischer Dichterinnen teil – daher weiß ich, welch ungeheure Kraft in der gemeinsamen Arbeit an Sprache und Form steckt, wenn das Schreiben also zum Mittel des geistigen Überlebens in einer gefährlichen, krisenerschütterten Welt wird.« Und Monika Rinck: »Ich halte es für lebenswichtig, Menschen, die zu uns kommen, die Gelegenheit zum eigenen, mithin künstlerischen Ausdruck zu geben. Dazu gehört auch die öffentliche Wahrnehmung. Ein Schritt weg von der dritten Person – also derjenigen, über die man als Abwesende spricht – hin zur zweiten und ersten Person: dem Du des Angesprochenen und dem Ich, das spricht.«

Die Arbeit in den Tandems nimmt ganz unterschiedliche

Formen an: So machen sich beispielsweise Widad Nabi und Annett Gröschner in Berlin auf die Suche nach verlorenen Welten. Noor Kanj und Svenja Leiber staunen darüber, wie wichtig sie füreinander geworden sind. Tanja Dückers schreibt über ihre Zusammenarbeit mit Galal Alahmadi: »Galal und ich sind uns in der Herangehensweise an Gedichte ähnlich – ob wir uns gegenübersitzen oder uns nur per Mail verständigen: Wir nehmen alles haarklein auseinander.« Fady Jomar und David Wagner essen zusammen in einem Kreuzberger Café und tauschen sich über alltägliche Dinge und das große Ganze aus. Ramy Al-Asheq und Monika Rinck übersetzen sich gegenseitig in stundenlanger Feinarbeit. Nino Haratischwili nominierte Lina Atfah für den Hertha-Koenig-Nachwuchsliteraturpreis und hielt eine Laudatio auf sie, die von der Tiefe ihrer Begegnung erzählt; und Lina Atfah sagt: »Seit ich bei *Weiter Schreiben* mitmache, habe ich wieder Mut und Lust auf meine Zukunft.« Mariam Meetra und Antje Rávic Strubel meisterten gemeinsam das Schneechaos auf der Leipziger Buchmesse und Rabab Haidar und Ulla Lenze skypen zwischen Berlin und Damaskus. Bei einem dieser Gespräche zieht Rabab eine arabische Übersetzung von Ullas Roman aus dem Regal, die dort schon lange vor ihrer Begegnung gestanden hatte. Rasha Habbal und Nora Bossong begaben sich gemeinsam auf die Suche nach arabischsprachiger Gegenwartsliteratur in deutschen Übersetzungen. Olga Grjasnowa entdeckt in Samuel Magos Sprache etwas ihr sehr Vertrautes. Michael Krüger öffnet für Ahmad Katlesh die Türen der Bayerischen Akademie der Künste in München. Salma Salem, die unter Pseudonym schreibt, und Saša Stanišić sprechen über Salmas Texte zwischen einem geheim gehaltenen Ort in Syrien und Hamburg und lachen trotz allem.

Wie wichtig all diese Begegnungen sind, erklärt Galal Alahmadi: »Dass sich die arabisch- und deutschsprachigen Gegenwartsautoren so kennenlernen dürfen, ändert alles.« Und tatsächlich ist es diese Mischung aus persönlicher Begegnung, literarischem Austausch und politischer Diskussion, die die Arbeit in den Tandems für beide Seiten so wertvoll macht.

Als Olga Grjasnowa anfangs schrieb, »dass *Weiter Schreiben* tatsächlich Hoffnung geben könnte und womöglich sogar ein wenig Trost spenden«, hatten wir genau das gehofft. Dass es uns gelungen ist, beglückt und regt uns an weiterzumachen. Unser Dank gilt allen, die dieses Portal ermöglicht haben: Ines Kappert, die das Projekt mitkonzipiert und mitgegründet hat, den Autorinnen und Autoren, den Übersetzerinnen und Übersetzern, Künstlerinnen und Künstlern. Wir danken dem Team und seinem unerschütterlichen Engagement, allen voran unseren beiden Kuratorinnen Juliette Moarbes und Maritta Iseler und Dima Albitar Kalaji für die arabischsprachige Redaktion. Wir danken Muhamad Quaiconie, Dotschy Reinhardt, Patricia Bonaudo, Julia Küpper, Caroline Kraft, Dagmar Deuring und Nicole Minten-Jung. Wir danken Gunnar Cynybulk, dass er sich mit aller Kraft für diese Anthologie eingesetzt hat. Und Mascha Schwarz, ohne deren rückhaltlose Unterstützung unsere Arbeit nicht möglich wäre.

Wir danken dem Hauptstadtkulturfonds, dem Gunda-Werner-Institut in der Heinrich-Böll-Stiftung, der Schering Stiftung und dem Goethe-Institut für die finanzielle Unterstützung des ersten Jahres und dieser Anthologie. Und dem Hauptstadtkulturfonds, der Allianz Kulturstiftung und dem Goethe-Institut für die Fortführung des Projekts.

Weiter Schreiben ist ein Projekt von WIR MACHEN DAS, einem Bündnis, das 2015 von 100 Frauen gegründet worden ist. Wir sind viele. Wir machen weiter.

Annika Reich und Lina Muzur

Salma Salem UND Saša Stanišić

Salma Salem und Saša Stanišić – eine Syrerin und ein Bosnier begegnen sich. Wenn die beiden vom Krieg schreiben, wissen sie, wovon sie reden.

Saša Stanišić

Salma Salem lacht in Damaskus

Salma Salem lacht in Damaskus. Es gibt also noch etwas, das zum Lachen ist in Damaskus, in Salmas Leben, ich kenne Salmas richtigen Namen nicht. Salma Salem lacht in Damaskus, unser Gespräch dauert eine Stunde dreißig, sie lacht in der Zeit zwei Mal, und ich bin zwei Mal erleichtert, und ich schäme mich für meine Erleichterung, ich schäme mich, dass ich denke, es gibt also noch etwas, das zum Lachen ist in Damaskus.

Salmas erstes Lachen ist ein Kullern der Stimme auf den letzten Sätzen einer Anekdote hinab, die sie erzählt, weil ich sie nach dem Lachen gefragt habe, ob es noch existiere im Prekären, in den Ruinen, und trotz des omnipräsenten Mordens. Ich erinnere mich an die Anekdote nicht mehr, weiß nur noch, es ging um Salmas Jugend in Friedenszeiten, ich erinnere mich aber genau, wie das Lachen klingt, an Salmas Freude darüber, dass einmal so vieles so gut und so nötig und so leicht war, erinnere mich, weil ich mich des genauen Moments der Stille erinnere, da Salma wieder ernst wird und kurz nichts sagt und der Übersetzer kurz nichts sagt und ich kurz nichts sage, alle drei in stummer Übereinkunft, dass wohl genau das, dieses Lachen, das Einzige sein dürfte, woran es sich festzuhalten lohnt in diesem Gespräch, als müsste das Gespräch jetzt eigentlich beendet werden, damit vor allem das Lachen in Damaskus bleibt, ein Lachen, das nicht die Gegenwart meint und nur in der Vergangenheit gültig zu sein vermag, vielleicht.

Ich erinnere mich auch an meine dumme Erleichterung wegen des Lachens. Meine dumme Erleichterung, und wie ich Stunden vor dem Gespräch mit Salma vor meinem dummen Computer in meinem dummen Wohnzimmer bei einer Tasse Kaffee aus Kolumbien versuche, verlässliche Infos über den Alltag in Damaskus zu recherchieren, und ich erinnere mich an Salma, die irgendwann sagen wird, vergiss das alles, auf nichts ist Verlass, nicht einmal auf mich, das war nach dem ersten Lachen, worauf ich dumm dachte: Wie fantastisch ist das Lachen in einer Welt, in der auf nichts Verlass ist.

Als Salma Salem das zweite Mal lacht, stelle ich mir vor, wie sie wohl aussieht. Es kommt einfach so, ich weiß, dass das mit nichts zu tun hat, was wichtig ist für uns beide, mit nichts, was ihre Sprache und Geschichten vermitteln, mit nichts von dem, was sie erzählen will, aber auch das zweite Lachen ist sofort derart präsent, diesmal warm und schön, als würde es selbst eine eigene Stimme und Erzählung sein, als wäre Salma Salems Lachen eine dritte Gesprächspartnerin in unserer Unterhaltung, eine herzliche, charmante und in der Angst noch selbstbewusste, eine, die nicht wie Salma und ich über unsere Kriege berichten will, über diesen PERMANENTEN KACKIDENTITÄTSSTRESS MIT DEM ZUFALL DER HERKUNFT, sondern eben auch über Salma, über die kurzen Augenblicke der Selbst- und Weltvergessenheit, der minimalen Albernheit, des schönen Witzes in Gezeiten der Gewalt. Ich kann gar nicht anders, als mir die Person, die lacht, vorzustellen, das Lachen macht sie für mich erst recht sichtbar in dieser Welt, in der sie aus Furcht sogar ihren Namen unsichtbar machen muss, einer Welt, die Salma in ihren Texten ohne weiteres als »Hölle« bezeichnet, in der es »nur noch Tötende und Getötete gibt«. Salma war für mich bis dahin nur als Literatur sichtbar, eine mutige, nostalgische, kraftvolle Stimme, und jetzt also meine vergebliche Erleichterung vor der Kulisse ihrer Erinnerung und Freude, meine vergebliche Vorstellung, das Lachen könne das sein, was bleibt.

Salma Salem weiß, dass sie gerade lacht. Ihr zweites Lachen erzählt von Wohltaten unter den Armen, unter denen, die nichts mehr haben, aber trotzdem geben, die alles verloren haben, aber trotzdem etwas finden, das sie teilen können, und das, ihre Güte, freut Salma, gute Geschichten freuen Salma, und beides – Salmas Geschichten und ihr Lachen – erzählen von dem, was in der Radikalität des Krieges und trotz der Radikalität der Furcht entstehen kann: von den gemeinsamen Festen, von dem Miteinander der Ethnien, von der Lust am Leben. Die Hölle ist dadurch wohl kaum besser ertragbar, aber wohl besser begreifbar, Salma Salem lacht in Damaskus. Dann legen wir auf, und ich lese einen ihrer Texte erneut, ich hoffe, das Lachen wiederzufinden, ich lese noch mal.

Salma Salem

Wir vertreiben uns die Zeit mit den Nachrichten von unseren Tragödien und werden betrunken davon

Sie machte sich wie gewöhnlich zur Zeit des Morgengebets zum Schlafengehen bereit. Das Gebet selbst interessierte sie nicht, doch ihre innere Uhr war auf die Zeit des Gebetsrufs eingestellt. Sobald sie den Muezzin »Das Gebet ist besser als der Schlaf« rufen hörte, klappte sie ihren Laptop zu, ihre Einkommensquelle, wie sie ihn nannte, um ins Bett zu gehen.

Doch diesmal zerriss noch vor dem Gebetsruf eine laute Explosion im Osten von Damaskus die morgendliche Stille. Dann das Geräusch von Kampfflugzeugen. Die Stromversorgung war schon seit Stunden unterbrochen. Es war also nicht möglich, aus dem Fernsehen zu erfahren, was ein paar Kilometer entfernt von ihr passierte. Dort, an der östlichen Frontlinie, lebte der verbliebene Rest ihrer Familie.

Die Geräusche wurden lauter, ihre Sorge wuchs. Was für eine Katastrophe ereignete sich dort gerade? Was geschah mit ihren Verwandten, den einzig noch verbliebenen, die befugt waren, nach ihr zu fragen, falls sie nach einer Verhaftung, einer Explosion oder aus irgendeinem der vielfältigen anderen Gründe vermisst wurde? Die Verwandten im Osten von Damaskus waren ihre Stütze in diesem zermürbenden Krieg. Sie in Gefahr zu wissen brachte sie fast um den Verstand.

Sie klebte am Bildschirm ihres Laptops, die Batterie wurde langsam schwach, und durchsuchte die Nachrichtenseiten der Opposition und der Anhänger des Regimes. Vielleicht würde sie dort etwas zu den Ereignissen finden. Doch sie stieß nur auf die Fotos der Opfer der Explosion am Justizpalast im Zentrum von Damaskus. Die Explosion hatte vor einigen Tagen mehr als vierzig Menschen das Leben gekostet, die meisten von ihnen junge Rechtsanwältinnen und Rechtsanwälte. Zudem hatte es etwa sechzig Verletzte gegeben – ein junger Mann, frisch verheiratet, ein weiterer vor wenigen Monaten Vater geworden, eine junge Frau kurz vor der Hochzeit ... Sie erinnerte sich an alle, während sie die lächelnden Gesichter auf den Fotos betrachtete. Einige von ihnen hatte sie vor ein paar Monaten im Café des Justizpalastes getroffen, als sie mit einer Freundin dort verabredet war, um sich in einer Gerichtssache von ihr beraten zu lassen.

Zu verstehen, dass die lächelnden Gesichter auf den Fotos aus einer unwiederbringlichen Vergangenheit stammten, stürzte sie in tiefe Traurigkeit. Woher hatte der Todesengel all diese Energie, mit einem Mal Dutzende junger Leben auszulöschen? Hatte ihn die Lebenslust in ihren Augen nicht davon abhalten können? Irgendetwas stimmte nicht. Wie konnte der Selbstmordattentäter mit seinem Sprenggürtel durch die Kontrollpunkte rund um den Justizpalast gelangen, als die Angestellten ihn gerade verließen? Wie konnte er sich in die Luft sprengen und innerhalb eines Augenblicks Dutzende Leben in ein Nichts verwandeln? Wie konnte er Ströme von Blut über die zerstörten Treppen fließen lassen, die den Durst der Menschen, welche das Land und seine Bewohner mit Verwüstung und Zerstörung bedrohten, doch nicht stillen würden?

Keiner hatte sich zu dem »Massaker an den Juristen« bekannt. Es zirkulierten widersprüchliche Versionen in den Medien, die dann im Nachrichtenticker hinter den Berichten von der geplanten fünften politischen Verhandlungsrunde in einem weit entfernten glücklichen Land verschwanden.

Die Batterie war leer, der Bildschirm wurde dunkel, der Morgen graute.

Sie sah durch das Fenster dichten schwarzen Rauch im Osten der Stadt aufsteigen, der große Flächen des Frühlingshimmels verdeckte. Wolken aus Kummer und Sorgen, die die Herzen erfüllten, während Flugzeuge vom Typ Suchoi weit oben durch den Himmel zogen, um dann eine Kurve zu drehen und plötzlich ihre niederträchtigen Angriffe auszuführen. Ebenso spiralförmig, wie sie nach unten geflogen waren, schraubten sie sich wieder an den Ort zurück, von dem sie gekommen waren. Sie hinterließen dichte Wolken aus Rauch und Schießpulver.

Es war schon fast Mittag, die Stromversorgung immer noch unterbrochen, als sie in unmittelbarer Nähe Geschosse aus verschiedenen Richtungen hörte. Die Sirenen der Rettungswagen ertönten ununterbrochen. Sie hatte nicht geschlafen und wusste immer noch nicht, was um sie herum geschah.

Sie erinnerte sich daran, dass der Besitzer der Reinigung die Kleider, die sie ihm vor mehr als zwei Monaten geschickt hatte, noch nicht zurückgebracht hatte. Er hatte damals schon angekündigt, dass es eine Weile dauern würde. Man habe in ganz Damaskus das Wasser abgedreht, und das Wasser aus den Tanks sei nicht zum Wäschewaschen geeignet. Die Wasserhändler, die während der Wasserkrise in Damaskus aufgetaucht waren, hatten die Gelegenheit beim Schopfe gepackt, den Leuten das gechlorte Wasser der Schwimmbäder als desinfiziertes Wasser für den Haushalt zu verkaufen. Dieses Wasser jedoch mache die Kleidung kaputt, hatte der Mann zu ihr gesagt und vorgeschlagen, die Kleider entweder wieder mit nach Hause zu nehmen oder so lange zu warten, bis die Kämpfe im Barada-Tal endeten und das Wasser nach Damaskus zurückkehren würde. Da sie aber selbst auch kein Wasser hatte, mit dem sie die Sachen hätte waschen können, entschied sie sich zu warten. Seit sich die Situation im Barada-Tal vor einem Monat beruhigt hatte und seine Bewohner umgesiedelt worden waren, gab es wieder Wasser. Die Kleidung hatte sie schlicht vergessen, und so verstrich ein weiterer Monat, ohne dass ihr die Sachen geschickt wurden. Sie rief in der Reinigung an, und als niemand abnahm, vergaß sie es erneut. Doch nun beschloss sie, selbst dorthin zu gehen und unterwegs in Erfahrung zu bringen, was auf der Straße los war.

Die Reinigung war geschlossen. Sie war geschockt, als sie hörte, dass ihr Besitzer verschwunden war. Keiner hatte eine

Fadi Al-Hamwi / +90 verdrehte Hochzeit,
Mixed Media auf Leinwand, 300 × 200 cm (2010)

Ahnung, was mit ihm geschehen war. Sein alter Nachbar, der Gemüseverkäufer, blickte zum Himmel hinauf und bat sie, für ihn zu beten: Sie seien gekommen und hätten ihn einfach aus dem Geschäft gezerrt.

Von einem nahe gelegenen Markt hörte man jetzt den Einschlag einer Granate, die Menschen rannten auseinander und riefen: »Es gibt keinen Gott außer Allah ... Lieber Himmel ... Sie hat drei Leute getötet!« Schreie und Wehklagen erfüllten die Luft.

Sie eilte zurück nach Hause. An der Haustür traf sie ihre alte Nachbarin, die weinte. Sie hatte Mühe zu verstehen, was sie ihr unter Tränen erzählte: »Mein Enkel ... Mein Enkel wurde zu Tode gefoltert. Sein Vater hat es soeben erfahren.« Sie fragte die alte Nachbarin, wann ihr Enkel denn festgenommen worden sei, und die alte Frau antwortete mit schmerzerfüllter Stimme, man habe ihn vor einem Jahr am Kontrollpunkt in al-Qutaifa verhaftet, als er auf dem Weg zur Universität in Latakia war. Man habe ihnen gesagt, dass es sich um eine Verwechslung gehandelt hätte. Ein ähnlicher Name ...

Grauer Nebel trübte ihren Blick. Sie sah nicht mehr, wo sie hintrat. Dieses Sterben überall, Tag für Tag, umzingelte sie und nahm ihr den Atem. Für einen Augenblick fragte sie sich sogar, ob sie vielleicht selbst tot war und das, was sie erlebte, die Qualen des Grabes waren. Der Gedanke erschreckte sie. War es das Schicksal der Syrer, außerhalb des Grabes und in ihm Qualen zu erleiden? Sie sah die Gesichter ihrer Freunde, Arbeitskollegen und Bekannten vor sich, die in den dunklen Folterkellern verschwunden waren, sah sie als ausgemergelte Leichname, zu Tode gefoltert. Die Bilder ähnelten den Fotos der über zwölftausend zu Tode gefolterten Gefangenen, die der Militärfotograf mit dem Decknamen Caesar aus Syrien herausgeschmuggelt hatte. Sie schüttelte den Kopf, um diese schrecklichen Gedanken zu verscheuchen. Wie grausam Menschen sein konnten! Zu Tode gefoltert. Sie und alle anderen Zivilisten in dieser Stadt lebten unter Folter.

Sie berührte ihren Körper. War sie tot? Ein Flugzeug durchbrach die Schallmauer und ließ die Wände erzittern. Im Leben nach dem Tod gab es keine Flugzeuge vom Typ Suchoi. Es gab dort keinen Lebenden, der töten konnte. Doch hier und jetzt zu den Lebenden zu gehören bedeutete, dem Tode geweiht zu sein. In den sicheren Gebieten des Landes vertreiben wir uns die Zeit mit den Geschichten unserer Tragödie, trinken die Traurigkeit und werden betrunken davon. Wir sehen den Tod als eine Herausforderung an, aber in Wirklichkeit träumen wir von einem friedlichen Tod und einem Grab ohne Qualen inmitten eines Landes, das wir metaphorisch »Heimat« nennen.

Aus dem Arabischen von Kerstin Wilsch

Widad Nabi UND
Annett Gröschner

Widad Nabi und Annett Gröschner geht es in ihren Texten immer wieder darum, Spuren nicht zu ver-, sondern zu entdecken. In Archiven, auf der Straße und dem Körper der Frau.

Annett Gröschner

Unter Hunderten

Als ich »Der Ort von Erinnerung beleuchtet« las, kannte ich Widad Nabi noch nicht. Aber hätte mir jemand einen Packen Gedichte gegeben mit der Bitte, mir eins auszusuchen, und »Der Ort von Erinnerung beleuchtet« wäre dabei gewesen, ich hätte dieses unter Hunderten ausgewählt. Es korrespondiert über Zeit und Geographie hinaus mit einem Gedicht, das ich vor 25 Jahren geschrieben habe:

das verschwundene haus

ich habe die uhren zurückgedreht
kalender jahr um jahr zerrissen –
das grundstück suchte steine zusammen
sammelte balken aus asche und rauch
& baute das haus vor mir auf
ich trug die möbel die treppe hinauf
ich fing die gläsernen spatzen und tauben
aus dem keller trug ich die toten
in ihre wohnung zurück frau loeffler
zog ein kleid an aus luft
in der mode der dreißiger
frau debes kochte kaffee aus goldenen bohnen
sorgsam gehütet unter den kohlen
den trümmern dem schutt
herr behrensdorf schmiedete gitter
daß wir nicht abstürzen
ich brannte den schnaps
ich deckte den tisch das bett auf
schüttelte ich
rief deine schutzengel an

dir die treppe zu weisen
ich baute ein knarren ein in die tür
falls du blind seist solltest du hören
daß hier ein haus ist
alle vögel wies ich an
dich mit gesang zu betören
wen noch?

...

wir alle haben gewartet
der kaffee wurde kalt und zu staub
die vögel zersprangen
frau debes zerstob wie herr behrensdorf wie frau loeffler
das haus fiel lautlos zusammen die liebe
was soll sie noch sagen?
du trottest den weg entlang her & hin
deine füße streifen mich
das mosaik der toreinfahrt
hebt einen stein hoch
jetzt stolperst du fällst fluchst

aus: Herzdame Knochensammler,
KONTEXTverlag, Berlin 1993.

Das Haus meines Gedichts gab es wirklich, auch die Namen der Leute darin habe ich mir nicht ausgedacht, sie standen 1943 im Berliner Adressbuch unter der Adresse Prenzlauer Berg, Rykestraße 27. 1992, als ich das Gedicht schrieb, gab es nur noch das Hinterhaus, zu dem man über die Mosaiken der alten Toreinfahrt des Vorderhauses lief, rechts und links gesäumt von den Kriegsgewinnlern unter den Pflanzen – Essigbäumen und Holunderbüschen, die wuchsen, wo einst die Ladengeschäfte waren. Darunter lagen die Keller, verfüllt mit Trümmerschutt, zwischen dem hindurch sich die Wurzeln ihren Weg suchten. Essigbaumwurzeln können Betonplatten anheben. Es gab Hunderte dieser Grundstücke in Ostberlin, jahrzehntelang. Über zehn Jahre habe ich mich mit umzäunten Brachen, verlorenen Ecken und Leerstellen beschäftigt, weil ich besessen war von dieser gründlichen Zerstörung. Ich habe lange nicht gewusst, warum. Erst spät erfuhr ich, dass die Traumata der Eltern sich übertragen in die Psyche der Nachgeborenen. Seit frühester Kindheit hab ich nachts die Verschüttung meiner Mutter in einem Keller als meine eigene nachgeträumt.

Ich teile mit Widad das Wissen, dass Häuser ein Gedächtnis haben, und ich weiß, dass Krieg mit einem Waffenstillstand nicht vorbei ist. (In der Hoffnung, dass es in Syrien wenigstens den gäbe.) Inzwischen sind fast alle Brachen bebaut, die Einschüsse in den Fassaden überschminkt, die alten Bewohnerinnen, die noch erzählen konnten über die Zeit der Bombardierungen, vertrieben oder gestorben. Und auch ich musste diesen Ort meines Wissens verlassen, unfreiwillig.

Das Leben wird nicht so schlimm,/es schenkt dir ein neues Haus./Aber deine Seele bleibt ein Wolf,/der jede Nacht heult/auf der Stufe deines alten Hauses, sagt Widad.

Das Einzige, was an dem Ort meines Gedichtes unverändert blieb, sind die Steine, mit denen die Gehwege gepflastert sind. Ich ging mit Widad diese Wege meiner Recherchen, und plötzlich blieb sie stehen, zeigte auf die Pflastersteine und sagte: »Sie erinnern mich an Aleppo. Dort gibt es auch diese gepflasterten Wege.«

Der Krieg, er ist nicht tot, der Krieg, er schläft nur, singt Rio Reiser.

In Berlin laufen wir alle über die schlafenden Zünder von Bomben, über die auch Widad jetzt geht, wenn sie durch die neue Stadt streift, aus einem anderen, näheren Krieg gekommen.

Widad Nabi

Das Herz verlässt keinen Ort, an dem es hängt

Nicht nur Orte werden durch Erinnerungen erhellt. Auch wir Menschen werden durch längst Verlorenes erhellt, selbst dann noch, wenn wir alt geworden sind und an Alzheimer leiden. Dann führt uns unser Gedächtnis zurück an Orte, die wir aus der Kindheit kennen, obwohl wir viele andere Dinge vergessen.

Vielleicht waren es meine Begegnungen mit der deutschen Schriftstellerin Annett Gröschner, die mich glauben ließen, der Mensch habe das Herz von Lachsfischen. Sie legen Tausende von Kilometern zurück, um dann gemeinsam wieder an ihren Ursprungsort im Fluss zurückzukehren, an dem sie aus Laich entstanden sind.

Als ich Annett zum ersten Mal in Prenzlauer Berg traf, waren Texte über den Ort, den wir verloren hatten, die einzige Gemeinsamkeit zwischen uns beiden. Als wir aber zu der Straße liefen, in der sich ein Haus von alten Bekannten befand, und sie mir davon erzählte, wie wichtig dieses Haus für sie ist und dass noch immer Trümmer im Keller herumlägen, klang das so, als hätte sie diesen Ort nie verlassen. Sie hatte das Innere des Hauses noch so genau vor Augen, dass ich mir wünschte, eines Tages Aleppo und unser Haus dort besuchen zu können, so wie sie jetzt dieses Haus besuchte. Ich wäre jederzeit bereit dafür, selbst wenn alles, an das ich mich erinnerte, in Trümmern läge, so wie einst die Häuser im alten Prenzlauer Berg.

Wir sprachen über den Verlust und die Trümmer, die uns miteinander verbanden, als Annett mich zu einem anderen Gebäude in der Straße führte, um mir den Innenhof dieses Gebäudes zu zeigen. Annett erklärte mir den Hof in allen Einzelheiten. Dabei war ich mit diesem Gebäude schon sehr vertraut! Ich kannte es in- und auswendig, lebte in ihm doch der Mann, den ich bis vor etwa einem Jahr geliebt hatte – dann war unsere Beziehung zu Ende gegangen.

Annett sprach über die alten Steine am Eingang, von denen ich wusste, dass sie die Spuren meiner Schritte gespeichert hatten. Ich wusste auch, dass das Gefühl der Liebe ebenso alt war wie dieses Gebäude. Ich schaute nach oben zu dem Fenster, aus dem ich während der Besuche bei meinem Freund geblickt hatte. Ich hatte von dort das gesamte Gebäude und seinen Innenhof mit den Blicken eines Bewohners gesehen; heute aber war ich mit Annett als fremde Betrachterin gekommen. Fremd an einem Ort, an dem ich Luft, Wasser und Lachen geteilt hatte. Heute stand ich draußen wie Annett, die versuchte, Erinnerungen an das alte Haus ihrer Familie zurückzurufen. Ich hörte das Echo meiner Schritte bei meinem letzten Besuch. Ich hörte das Geräusch meiner Absätze auf den alten Steinen, über die sich nun meine deutsche Partnerin beugte, um sie zu berühren. Sie sprach von den Menschen – den glücklichen wie den traurigen –, die hier gelebt hatten und an diesen Steinen vorbeigekommen waren. Ihre Worte erinnerten mich an die Steine, die die alten Viertel von Aleppo geziert und meine frohen und auch meine traurigen Schritte gekannt hatten. Heute stand ich an diesem neuen Ort außerhalb des Geschehens, während sich in meinen Gedanken der Geruch von Weihrauch und von Kaffee, den ich in der Küche meines Freundes gekocht hatte, mit den Erinnerungen an den Kaffee und den Weihrauch im Haus meiner Familie in Aleppo vermischte. Ich hörte Annetts Stimme, die mir nun wie traurige Hintergrundmusik für einen Stummfilm über eine Frau erschien, die mir ähnelte und sich zwischen zwei Erinnerungen befand, die sie verloren hatte. Jede Erinnerung hing eher mit einem Ort zusammen als mit Menschen. Ich fragte mich, wer meine alte Geschichte in Aleppo gestohlen hatte. Mein Haus, mein Viertel. Und wer hatte meinen Ort hier gestohlen? Wer lebte jetzt das Leben, das meins gewesen war? Welche Farbe hatten die Augen, die auf meinen alten Ruinen gewachsen waren? Mir wurde klar, dass ich all meine Orte verloren hatte. Ist es nicht immer dieselbe Geschichte, die man in allen Sprachen der Welt durch ein Wort – »Verlust« – ausdrücken kann? Ich war nicht in der Lage, meiner Freundin Annett zu erklären, was ich fühlte, als ich auf den Ort blickte, der eine Zeitlang mein Ort gewesen war. Nun war ich außerhalb dieses Ortes, genauso wie ich außerhalb des Geschehens in Aleppo war und sie außerhalb des Hauses ihrer Familie. Wir beide waren nur Betrachter von Orten, die mit unserer Erinnerung verbunden waren, Orte, die uns im Stich gelassen hatten durch Kriege, Zerstörung und Abschiede.

Annett und ich sollten uns ein weiteres Mal treffen. Sie lud mich zu einem Theaterstück über Aleppo von Mohammad Al Attar ein. Sie freute sich sehr darauf, mit mir die Aufführung zu besuchen. Doch sobald ich das Haus der Kulturen der Welt betrat und die Karte von Aleppo und seinen Stadtvierteln sah, verspürte ich dieselbe Bitterkeit wie beim Besuch in Prenzlauer Berg. Wieder war ich nur Betrachterin eines Ortes, den ich verloren hatte …

Ich betrat den Saal. Die Vorstellung war ungewöhnlich; sie bestand darin, dass jeder Zuschauer neben einem Schauspieler saß, der ihm das Stadtviertel Aleppos erklärte, das er auf der Karte ausgewählt hatte, und ihm die Geschichte eines ehemaligen Bewohners erzählte. Als Jan, der Schauspieler, bei dem ich saß, über Al-Ashrafia zu erzählen begann, ein Viertel, das ich sehr gut kannte, konnte ich meine Tränen nicht zurückhalten. Ich befand mich in einer Stadt, die weit von meiner eigenen Stadt entfernt war, und vor mir saß dieser fremde Mensch, der Aleppo nie besucht hatte, und erzählte mir von meiner Stadt. Ich musste ganz einfach weinen. Die salzigen Tränen nahmen ein bisschen von der Bitterkeit fort, die ich während der gesamten Aufführung verspürte. Jan spürte, wie schwer die Situation für mich war, und begleitete mich danach nach draußen. Doch wie sollte ich ihm mit meinem bisschen Deutsch erklären, wie groß die Bitterkeit und

Rami Bakhos und Humam Alsalim / aus der Serie »Post Humanity«, Mixed Media (2015)

der Schmerz eines Menschen waren, der all seine Orte und alten Erinnerungen verloren hatte und dann wie ein Fremder einer Geschichte zuhörte, die seine eigene war?

Als ich die Aufführung verlassen hatte und Annett erblickte, umarmte ich sie und weinte. Weinen ist wohl der beste Weg, um auszudrücken, wie groß der Schmerz ist, den wir verspüren. Es muss nicht übersetzt werden. Man versteht es in allen Sprachen der Welt. Ich weiß, dass Annett mich sehr gut verstand.

Zum dritten Mal blickte ich durch sie auf die Orte, die ich kannte und an denen ich als Fremde gelebt hatte, während ich mich außerhalb des Geschehens befand. Es schien, als bestünde das Leben in diesem ständigen Verlust der Orte, nachdem wir alles dafür getan haben, sie uns vertraut zu machen, und an die wir zurückkehren, wenn das Leben zu hart mit uns ist. Wenn wir dann nach draußen geworfen werden, treffen wir auf die Härte der Welt, ohne die Wärme und alte Vertrautheit des Ortes. Das Herz jedoch, vor und nach dem Krieg, verlässt keinen Ort, an dem es hängt.

Aus dem Arabischen von Kerstin Wilsch
Dieser Text erschien zuerst in der Berliner Zeitung.

Widad Nabi

Der Ort von Erinnerung beleuchtet

1
Für unsere Häuser,
die wir verließen
bei jeder Zerstörung und Bombardierung.
Traurig ist,
dass du die Ruinen deines Hauses im Traum besuchst
und zurückkehrst ohne Staubspuren an deinen Händen.

2
Zärtlich ist,
dass du die verwelkten Blumen gießt
im Nachbargarten,
weil die Blumen deines Hauses
ohne Wasser unter Bomben starben.

3
Die Entfernung ist
eine Zwangsgeographie,
trennt zwei Städte voneinander.
Zwischen ihnen Tausende von Meilen,
in einer hast du deine Kleider auf der Wäscheleine gelassen,
in der zweiten streckst du deine Hand in die Luft,
um deine Kleider von der Terrasse in der ersten
zu nehmen.

4
Deine Hand,
die an den Klingeln deines alten Hauses haftet.
Wer erzählt ihr,
dass »die Häuser nicht mehr denen gehören,
die sie verließen«?

5
Nur das Wasser allein
weiß, warum die Blumen weinen
auf den Balkonen der glücklichen Familien,
die wir verlassen haben.

6
Auf dem Weg zu deinem neuen Zuhause
gibt es eine lange Straße der Sehnsucht,
du wirst dort ewig entlanglaufen.

7
Berührst du das harte Metall des Busses hier,
wächst dort eine Narzisse
auf dem Metallgriff deiner Haustür.
So bleiben die Häuser ihren vertriebenen
Besitzern treu.

8
Mitten im Schlaf wacht jede Nacht auf.
Der Wasserhahn tropft immer noch
in deiner alten Küche.

9
Das Leben wird nicht so schlimm,
es schenkt dir ein neues Haus.
Aber deine Seele bleibt ein Wolf,
der jede Nacht heult
auf der Stufe deines alten Hauses.

10
Hinter dem alten Fenster
beobachtet dein Bild den Regen,
die feuchte Buche weint
und niemand bemerkt sie.

11
Die Dunkelheit gedeiht
in den verlassenen Häusern
wie das Kraut im April.
Trotzdem ist der Ort von Erinnerung beleuchtet.

Aus dem Arabischen von Suleman Taufiq

*Emman Alhasabani / The Land,
Fotografie (2012)*

Widad Nabi

Hätte ich ein Gartenherz

Hätte ich ein Gartenherz,
die Bäume würde ich nach dir benennen,
das Gras wachsen lassen
bis an dein Haus.
Die weißen Blumen
beleuchteten die dunkle Strecke
zwischen meinem und deinem Herzen.

Hätte ich ein Gartenherz,
eine purpurrote Malve würde ich
unter den Stiefeln des Soldaten wachsen lassen,
der auf das Herz eines Kindes zielt.
Ich würde ihn auffordern zu schauen,
was auf dem Boden wächst.
Vielleicht beugte er sich dann herab,
um die Schönheit unter seinen Füßen zu sehen,
und vielleicht vergäße er seinen Schuss.

Hätte ich ein Gartenherz,
für die Verliebten baute ich Schaukeln aus Bäumen
und ließe keine Liebende ohne Bett.
Das Holz der Bahnhöfe wäre nicht verrottet.

Hätte ich ein Gartenherz,
ausschlagen lassen würde ich die Wurzeln der Buche
bis zu den Oliven in unserem Garten in Kubani
und sie mit Herzwasser gießen.
Ich verbündete mich mit dem Orangenbaum
neben meinem Fenster in Aleppo
und erzählte ihm von einem Land,
dessen Menschen sich nicht gegenseitig umbringen,

von einem Land,
dessen Kinder nicht unter Trümmern sterben,
von einem Land,
dessen Leute alt werden,
deren Haar in Begleitung ihrer Lieben ergraut
und die auf einem Friedhof begraben werden.

Hätte ich ein Gartenherz,
ich wäre das Holz deines Tisches,
das Holz deines Bettes,
das Holz des Stuhls, auf dem du bei der Arbeit sitzt,
das Holz deines Bestecks,
der Holzboden deines Hauses,
die hölzerne Härte deines Herzens.

Hätte ich ein Gartenherz,
alles Eisen der Welt würde ich in Bäume verwandeln.

Hätte ich ein Gartenherz,
meinen Körper würde ich in deine Wiese verwandeln,
meine Brüste in Granatäpfel in deinen Händen,
meinen Nabel in ein Rotweinglas für deinen Mund,
mein Ohr in einen Liebesvogel für deine Gedichte
und meine Gedichte in Blumen,
die an den Grenzen unseres Landes wachsen
eintausendjahrundeinentaglang.

Aus dem Arabischen von Suleman Taufiq

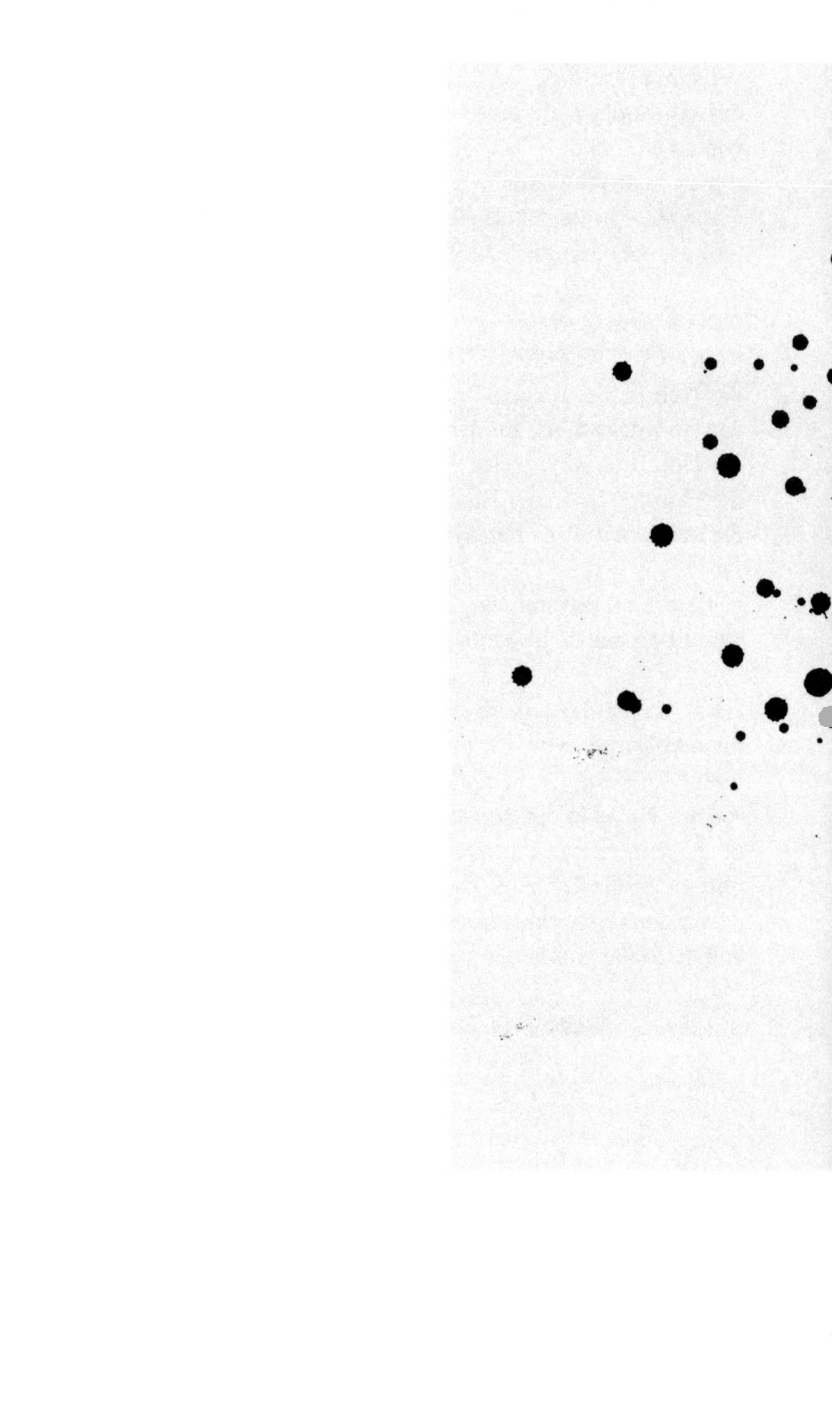

Hamid Sulaiman / ohne Titel,
Anfertigung zum Text, Zeichnung, Tusche auf Papier (2018)

Widad Nabi

Briefe von 14 Gazellen

1
Die Trauer besaß nie ein eigenes Haus.
Sie wohnte wie eine Verwandte
in unseren Häusern.

2
Jetzt brennt im Garten
kein Licht mehr,
niemand ist da,
zarte, noch nie gesehene Blumen blühen vor
sich hin.

3
Der Regen fällt. Er fällt hinab und niemand
horcht auf ihn.
Horchen ist der Beruf des blinden Herzens.

4
Das Land, das uns freudlose Namen gab,
ruhelose Mütter
und eine Nationalhymne, die dem Mörder huldigt,
wird es nach einem Vierteljahrhundert und
noch einem Krieg
unsere Särge weiterreisen lassen?

5
Es sollte Trost geben,
damit das Haus des Dichters in einer blinden
Welt leuchtet.

6
Dass wir unsere Koffer ständig mit uns
tragen,
macht uns keine Angst mehr, du Land.

7
Allein das Wasser
weiß, warum die Blumen weinen,
auf den Terrassen der seligen Häuser,
die wir aufgaben.

8
Ich war ein großer Laden für viele Sachen.
Nur der Hass hat bei mir nichts gekauft.

9
Nachts werde ich alt
heimlich vor der Zeit,
ohne dass mich jemand sieht.
Ich werde hundert Jahre alt.
Die Traurigkeit, die unter meiner Haut wächst,
wird zum Gedicht,
und ich bleibe, wie ich bin,
eine kleine Gazelle im Spiegel der Quelle.

10
Wir lieben dieses Land,
bis es vollkommen in Trümmern liegt.

11
Haben wir überlebt?
Niemand weiß es.
Der Krieg hockt immer noch im
Familienalbum.

12
Bevor sie dich entstellten,
bevor sie dir einen Namen gaben,
deine Konfession bestimmten, deinen Glauben,
deine Religion
und ihren Aberglauben,
warst du Salzwasser,
vermischt mit den Tränen deiner Mutter.

13
Liebesbriefe
werden nicht mehr gesendet.
Nur Pakete des Elends fallen auf diese Welt.

14
Ich trage deine Trauer auf dem Horn
einer Gazelle,
im Kühlhaus gibt es keine Blumen.

Aus dem Arabischen von Suleman Taufiq

Noor Kanj UND
Svenja Leiber

Noor Kanj und Svenja Leiber nähern sich einander in einer Tiefe an, die beide staunen lässt. Sie erzählen gleichermaßen tastend wie radikal und bleiben dabei leidenschaftlich entschieden und unentschieden.

Svenja Leiber

Von der Begegnung vieler Emoticons bis zur Begegnung zweier Menschen

Bis wir uns zum ersten Mal begegneten, äußerlich begegneten, vergingen viele Monate. Solange schickten wir verschiedenste Formen der Sprache hin und her, Fotos und Geschenke, bedienten uns eines wilden Englisch wie auch der Zeichen und Symbole, über die sich Freude, Zuneigung, Angst, Überraschung, Dankbarkeit auf eine etwas alberne und doch irgendwie universell funktionierende Weise vermitteln lassen. Mindestens auf Emoticonebene waren wir vorläufig also tandemfähig.

Im Gegensatz zu Noor hatte ich jedoch den großen Vorteil, auch ihre wirklichen Texte, ihre Gedichte lesen zu dürfen, in meiner Sprache, darauf vertrauend, dass der Übersetzer und seines Zeichens selbst Dichter Suleman Taufiq sich so nah und so künstlerisch wie möglich am Original entlangbewegt hatte. Ich hatte also etwas in der Hand, was ich als den größten Schatz, die bestmögliche Brücke zu einem anderen Menschen verstehe: das, was dieser Mensch in seinen ernsten, in seinen konzentriertesten Momenten aufs Papier bringt. Das ist – auch wenn ich den Smalltalk, das oberflächliche und unbeschwerte Herumstehen auf allen Fußwegen dieser Welt durchaus nicht verachte – die für mich wertvollste Form der Begegnung. Und insofern der Stoff auch immer die Dichterin ist, eine ihrer Daseinsformen, versuchte ich natürlich, aus der Art, wie Noor ihren Stoff gestaltet hatte, etwas über sie, ihren Hintergrund, ihr Verhältnis zur Sprache zu erfahren.

Ich war daher, als ich endlich die Gelegenheit hatte, in der Neuen Nachbarschaft in Moabit eine Lesung von ihr persönlich zu hören, sehr betroffen davon, wie deutlich ich diese Stimme bereits in den Texten gehört hatte und wie nah und zugleich überraschend mir das erschien. Kaum etwas wirkt auf mich unleugbarer als die Wahrhaftigkeit oder ihr Gegenteil, wie sie sich mir über die menschliche Stimme mitteilen. Das Durchtönen, das per-sonare, offenbart ja weniger die Person als vielmehr etwas Geheimes dahinter, das, was durch sie hindurchklingt. Und was da an Ernsthaftigkeit, an Direktheit, an Schmerz und feinem Humor hörbar wurde, was für ein weiter Raum sich auftat, aus dem diese Stimme Erinnerungen, Klagen, Hoffnungen und Setzungen hervortreten ließ, war sehr überzeugend.

Wie wir in unserer Zusammenarbeit weiter verfahren, wird sich ergeben. Ich bin überzeugt, Eile ist hier nicht dienlich. Auch das allgemeine Draufstürzen und kurzzeitige »Verwerten« dieser Stimmen, was sich nur in den üblichen Reigen des kulturellen oder kognitiven Kapitalismus einreiht und die Dichterin nur auf ihre Markierung als »Geflüchtete« reduziert, lehne ich ab.

Es muss etwas wachsen, das geht nur in Ruhe. Zumal wir sprachlich erst aufeinander zu lernen, sie Deutsch, ich Arabisch, was ein weiter Weg ist.

Inwieweit ich dieser Dichterin in den Kreis der deutschsprachigen Lyrik, der bekanntlich umkämpft ist, hineinhelfen kann, weiß ich auch nicht. Aber da sein, falls sie meines Rates bedarf, meine Fäden spinnen, ihren Namen, Noor Kanj, Noor Kanj, Noor Kanj, an all den Stehtischen und Schreibtischen und Restauranttischen des Literaturbetriebes erwähnen, damit man sich an den Klang gewöhnt, das lässt sich immerhin einrichten.

Keam Tallaa / Asyl,
Tusche auf Papier, 80 × 60 cm (2017)

Noor Kanj

Doch du enttäuschst uns stets

Ich brauche keine Augen mehr,
die Würmer nagen an dieser Welt.

Ich brauche keinen Mund mehr,
die verfaulten Lieder liegen auf dem Weg.
Keiner hier trägt etwas außer Waffen.

Ich brauche keine Hände mehr,
ich verbrachte mein Leben an den Fingern kauend.

Ich brauche kein Gedächtnis mehr,
ich wurde mit einer Mülltonne unter meinem Kopf
geboren.

Ich brauche eine Tür,
nur eine Tür,
die nicht ohne meine Stimme aufgeht,
die meine Tränen aufnimmt,
deren Quietschen ich mir gut merken kann.
Wenn sie ihren Ort wechseln sollte,
würde ich vom Türenschließen besessen werden,
von Zeltalpträumen befallen
und mich selbst mit jedem gehörten Schritt suchen.

Doch du enttäuschst uns stets.

Ich werde an die Wände der Reue klopfen.
Ich lade sie zu einem üppigen Trauermahl ein.
Komm nun her, Gott.
Ich will jetzt nur,
dass wir sarkastisch werden,

öffentlich über die Form des Türschlosses lachen.
Komm doch her,
Gott, ich brauche deine Hand,
reiche sie mir.
Ich habe es satt, den Wildlachs zu spielen,
der jedes Mal erstickt,
wenn er sich dem Familiensee nähert.

Gott, reiche mir die Hand.
Der Krieg wiederholt gerade seine Tragödie.

Doch du enttäuschst uns stets.

Wir erwarten kein Erbarmen mehr, von niemandem.
Die alten Freunde verbringen ihre einsamen Tage
fern von uns.
Und du?
Bestehst du immer noch darauf,
dein hartes Spiel
zu spielen?

Aus dem Arabischen von Mustafa Al-Slaiman

Batoul Sedawi / Ohne Titel,
Anfertigung zum Text, Mixed Media (2018)

Noor Kanj

Dieser komplizierte Stein

Dieser komplizierte Stein,
der wir waren,
der plötzlich hervortrat,
rollte.
Am Ende hielt ihn eine Hand fest,
sie meißelte ihn,
entfernte sein Herzstück,
entstellte ihn,
verschönerte ihn,
drehte ihn auf den Bauch,
hängte ihm Glocken um,
fesselte seine Beine,
spielte mit seinen Gliedern,
umwickelte den Kopf, den Bauch und den Hals,
kämmte den Bart und verband ihn mit seinem
Rücken.
Dann begann sie,
seine Ohren zu verstopfen
mit Geschrei,
mit Gebeten,
tagelang und über Wochen,
Jahre und Jahre.

Der Stein wuchs auf
und wurde an die Decke gehängt.
Die Hand betrachtete ihn,
schlug ihn,
tadelte ihn,
bereitete sich vor
und schnitt das Seil ab.
Wir sind es,

die wir aus Schlamm geboren,
mit einem verlogenen Gedächtnis,
mit einer unverzeihbaren Reue
und mit der Bereitschaft,
unsere Fäden abzuschneiden.

Aus dem Arabischen von Suleman Taufiq

Hosam Katan / Aleppo,
Fotografie (2014)

Noor Kanj

Wer bringt mir mein Haus zurück?

Wer säubert unser Gedächtnis vom Dreck?
Wer dehnt unseren engen Lebensschädel aus?
Wer durchsticht den Verzweiflungsballon?
Wer bringt mir mein Haus zurück?

Wer buchstabiert das Wort Krieg und bleibt bis zum
nächsten Tag herzgesund?
Wer befreit mich nun von meinem Körper und
verwandelt mich in eine Blume?
Wer bringt mir mein Haus zurück?

Die ich liebte, ließ ich hinter mir.
Sie warten noch auf meine Reue, die nicht kommen wird.
Sie wollen die immer gleichen Gespräche.
Meine noch nicht gesammelten Erinnerungen.
Sie wollen Erklärungen.
Mich zermürbt das Sammeln von Glück, Liebe, Chancen.
Wer bringt mir mein Haus zurück?

Ich kenne die Traurigkeit der Starken
und meine Schwäche.
Ich wurde eines Tages zum schweren Los für einen von
ihnen.
Ich ertrage die Schwäche der Starken nicht.
Sie stehlen die Ohnmacht,
das ganze Leid, sogar das Mitleid.
Wer bringt mir mein Haus zurück?

Wegen irgendetwas,
wegen allem
floh ich, selbst vor dem Gedanken.

Ich verlor, was ich verlor.
Ich zog niemals das bessere Los.
Wer bringt mir mein Haus zurück?

Ich dachte, Waise zu sein, wäre ein Wald
und meine Familie bestünde aus anderswo lebenden,
freundlichen Geschöpfen.
Ich verlor, was ich verlor.
Und mein Körper begann zu glauben, die anderen seien
lauter Schatten.
Gestern sah ich, wie etwas ängstlich meinen Namen sagte,
genau wie du es früher tatst.
Wer bringt mir mein Haus zurück?

Meine Tage sind leer.
Ich bedachte nicht, dass die Dinge ein Gewicht haben.
Diese Tatsache machte aus mir
irgendeinen Fehler,
der genau weiß, wer die anderen sind,
aber nicht, wie Räume gefüllt werden.

Was mich gerade beunruhigt, ist,
dass die Erde eine gleichmäßige Scheibe ist.
Mein Kopf ist an der falschen Stelle.
Doch das spielt ab jetzt keine Rolle.
Wer
bringt
mir
mein
Haus
zurück?

Aus dem Arabischen von Mustafa Al-Slaiman

Rabab Haidar UND Ulla Lenze

»Es ist nicht leicht, im Krieg Atheistin zu bleiben«, sagt Rabab Haidar, mittlerweile habe sie Gott ziemlich nötig. Humor und das Gespür für die feinen Unterschiede in groben Machtgefügen verbinden die Texte der beiden vielfliegenden Schriftstellerinnen.

Ulla Lenze

Der Wunsch wächst

Ein Internetcafé in Damaskus, eine Wand. Davor die syrische Schriftstellerin Rabab Haidar, in weißem T-Shirt, unkompliziert schnell unser Kontakt, behindert bloß durch den schlechten, verrauschten Ton, auch die Computer im Raum dröhnen. Ich habe gerade ihren Text gelesen: »Ein Kriegsbericht, der nicht traurig sein soll«. Ich bin beeindruckt und will ihr etwas zu meinem Leseerlebnis sagen. Aber der Ton wird verschluckt. Dass sie in Bab Tuma wohnt, verstehe ich jedoch. Bab Tuma! Ich wohnte 2004 – damals Stadtschreiberin in Damaskus – ganz in der Nähe. Das Thomas-Tor ist der Beginn der christlichen Altstadt, ein enges labyrinthisches Gassengewirr, das auf die Ommayad-Moschee zuführt, mit vielen Wegaltären und Kirchen. Über die Via Recta kam der erblindete Saulus nach Damaskus, in der Ananias-Kirche wurde er zum Paulus getauft, es ist die älteste christliche Kirche in der islamischen Welt, 1. Jahrhundert.

Diese Gegend sei noch relativ intakt, hätte ich gehört?

»Ja, nur zwei Explosionen«, sagt Rabab (wenn ich sie richtig verstehe).

Sie zündet sich eine Zigarette an. »Warum lachst du?«, fragt sie. Ja, gute Frage! Ich erzähle ihr kurz was zur geläuterten Zigarettenlage in Berlin und in Europa. Ja, das sei so. In London habe sie das auch bemerkt in den Restaurants. Da musste sie raus zum Rauchen. »Hör auf zu lachen«, sagt sie lachend. Beide lachen wir. Eine erstaunlich gelingende Verständigung zwischen uns trotz überdröhnter Satzhälften. Ich weiß, dass sie etwas über meinen Romanauszug sagt, den ich ihr geschickt habe, und fühle mich verstanden, trotz der nur halben Sätze. Ich sage daraufhin etwas zu ihrem Roman, den sie gerade schreibt. Später im Chat kann ich mich überzeugen, dass wir uns richtig verstanden haben. Der Wunsch wächst, mit Rabab im selben Raum zu sitzen, gern ein bisschen Zigarettenrauch in meiner Nase spüren, und dann ohne Hindernisse: weiterreden. Ich glaube, wir haben uns viel zu erzählen.

Adel Dauood / Ohne Titel,
Tinte auf Papier, 25 × 25 cm (2017)

Rabab Haidar

Das Herz eines Wolfs kochen

Wölfe werden hier immer nur mit Männern in Verbindung gebracht: Männer essen ihre Herzen und die Wölfe essen ihre. Wölfe werden Männer und verwandeln Männer in Wölfe.

Frauen hingegen werden mit Schlangen, Skorpionen, Eulen, Mäusen, Katzen oder Kaninchen assoziiert. Mit Wölfen nicht.

Wie soll ich nur von mir erzählen?

1
Meine Großmutter riss den Kopf der Puppe heraus und ließ mich ihr langes Kleid mit den Puffärmeln anziehen. Sie setzte mich auf ihren Schoß und ich erstarrte zu einem Totem.

Ich bin Mala, fünf Jahre alt. Wie ein Traum: das Gruppenbild vor einer alten Kamera bei der endlosen Trauerfeier für meinen Vater. Meine Großmutter glaubte, es sei von einem namenlosen Fotografen aufgenommen worden, der uns gebeten hatte zu lächeln. Doch dann lächelte nur er und verschwand und wir setzten unser Schweigen fort: »Du und deine Mutter, ihr seid zwei geröstete Weizenkörner«, flüsterte sie mir ins Ohr meines Traums, während ich reglos auf ihrem Schoß saß, ohne zu atmen oder zu blinzeln. Großmutter mag keinen gerösteten Weizen und sie mag auch keine schwarzen Menschen und Frauen auch nicht.

Meine Großmutter Oum Fadi Al Akkasch und ich sitzen mitten in der ersten Reihe. Rechts von uns thront meine älteste Tante, Madi Al Sabouni, die Zwillingsschwester meines verstorbenen Vaters, blond und groß wie Sonnenstrahlen. Sie hatte das typische Gesicht der Al-Sabouni-Familie, quadratisch, Mandelaugen und runde Lippen. Links von uns sitzt mein mittlerer Onkel Schadi Al Sabouni. Ihre Namen reimen sich: »Madi und Schadi«. Mein Vater, der älteste Sohn, hieß Fadi. Schadi ist – wie alle Männer der Familie Al Sabouni – ein kleiner Riese mit einem stinkend scharfen Geruch an sich, der sich über mich ergoss, wenn sein Körper meinen berührte, und er schnaufte wie ein Maultier. In der hinteren Reihe steht meine jüngste Tante Maryam, mit dem Schädel und der Blondheit der Al-Sabouni-Familie, dem kleinen Körperwuchs, den blauen kleinen Augen und den zarten Lippen der Al-Akkasch-Familie. Sie sah aus wie ein unschuldiges, glückliches Kind aus der Fernsehwerbung für Babypuder. Neben ihr steht eine kleine, hagere, graue Gestalt, die versteinert in die Leere schaut. Es ist meine Mutter, wie ich sie zum letzten Mal auf dem Leichenwaschtisch sah.

Meine Großmutter hat meinen Vater gegessen und ihn dann als goldene Bestie aus ihrem großen Hintern wieder ausgeschieden, so hörte ich. Ich glaube, ich habe eines Abends gelauscht, als sie es meiner Mutter erzählte. Mein Vater hat mehrmals vor und nach meiner Geburt versucht, meine Mutter zu essen. Als er daran scheiterte, starb er.

Ich bin Mala mit einem Puppenkopf und einem zerrissenen langen Kleid. Meine Großmutter brüllte, ich hätte das Kleid in der letzten Nacht zerrissen. Ich hätte versucht, die Puppe zu essen, und sie habe sie vor meinen Zähnen gerettet. Meine Mutter hat mich nicht gerettet!

Ich verließ die Trauerfeier und hinkte davon im Körper der kurzbeinigen Puppe, die einen geschwollenen Bauch hatte. Ich ging zu den Granatapfelbäumen, die mit einem Stacheldrahtzaun die Grenze hinten im Garten bildeten. Sie wurden manchmal von schwarzen Vögeln besucht, die auf dem Weg zur nächsten Stadt waren, wo die Menschen fröhlicher lebten.

»Verjagt sie aus diesem Rattennest!«, brüllte meine Großmutter und der Ton schwebte in der Leere über der Erde. Ein großer, furchterregender Vogel, ein Vogel aus Gebrüll. Ich floh mit den schwarzen Vögeln und den Ratten. Wir versteckten uns in goldenen Weizenfeldern, zwischen Ähren mit gerösteten Körnern. Ich stolperte in meinem zerrissenen Kleid.

Ich heiße Mala und bin fünf Jahre alt. Ich habe keine Angst vor schwarzen Vögeln oder Ratten, aber Geschrei verwirrt mich. Ich betrat den separaten Raum. Dort war das Außenbad, das selten benutzt wurde. Das Badezimmer war eine Art Lager für eine manuelle Waschmaschine mit zwei Wannen, eine für die Wäschebank, die andere für die Mühle und den Weizenmörser. Mein Onkel Schadi nahm mich mit in dieses Badezimmer. Er schlich dort immer herum, wenn sich ihm die Gelegenheit bot. Ich ließ die schwarzen Vögel und die Scharen von Ratten, die gegen die Stimme meiner Großmutter ankämpften, hinter mir und ging in dieses Badezimmer. Dort gab es überall schwarze Federn und getrocknetes Blut.

»Ich fürchte, es ist mein Wolf.«

Der Wolf hatte mich bereits in einem früheren Traum besucht. Ich weiß von diesem Traum nur, dass ich einen Wolf besaß, dass er mich bereits im Traum besucht hatte und dass meine Großmutter davon nichts erfahren durfte.

»Mein Wolf«, dachte ich und mein Herz rutschte nach unten und wurde von der Angst verschluckt.

Aber die schwarzen Federn gehörten einem Vogel. Wölfe haben keine Federn. Meine Großmutter hatte gerade einen schwarzen Vogel geschlachtet und wollte ihn im Dorf zum Verzehr beim Opferfest abgeben.

»Wilde, fleischfressende oder schwarze Kreaturen dürfen nicht als Opfergabe dargeboten werden.«

Ich versuchte, das meiner Großmutter zu erklären, um die Heiligkeit ihres Festes zu retten. Vielleicht gewann ich ja ihre Sympathie, dann würde sie mich nicht essen.

»Die Götter interessieren sich nur für Blut«, antwortete meine Großmutter, als würde sie mit sich selbst sprechen, während sie das große Holzschneidebrett, das einem Sargdeckel glich, sorgfältig reinigte. »Hauptsache, es ist kein Männerblut, denn Männer sind gesegnet, und hoffentlich auch nicht das Menstruationsblut einer unreinen Frau! Ansonsten machen die Götter keinen Unterschied bei Blut.«

2
Eigentlich bin ich Suzanne, nur im Schein der Träume bin ich Mala, ich bin elf Winter alt.

Der Krieg zwang die Menschen in den ausgedehnten, öden Landschaften, ihre großräumigen Häuser und die sonnigen Vororte zu verlassen und sich in die Städte zurückzuziehen. Sie füllten die alten Gassen und errichteten eilig Lager, die von kleinen Soldaten bewacht wurden. Die Menschen ließen die Felder zurück, um die Höfe und Gärten für die übriggebliebenen weißen Kaninchen und Hauskatzen zu bewachen. Der wilde Löwenzahn gedieh und blühte, wie er wollte. So auch viele syrische Katzen, die darin geübt sind, den kleinen Menschen zu entkommen, die sie töten, bis sie ihre erste sexuelle Erfahrung machen, dann beruhigen sie sich.

Die Menschen hockten zusammen im Krieg, bildeten enge Kolonien voller Lärm, Bewegung und Unruhe. Die städtischen Gebiete schrumpften und die Wildnis weitete sich aus.

Mein Onkel Schadi und meine Tante Maryam schlossen sich dem Rest des Volkes an und zogen in das Herz der Stadt, in ein Haus, das einem alten Freund meines Vaters gehörte, einem Partner bei seinen Verlustgeschäften. Meine Tante Madi bestand darauf zu bleiben. Sie sagte zu meiner Großmutter: »In der Wildnis ist man sicherer als bei den Menschen.« Großmutter betonte: »Natürlich, die Angst kommt immer von den Menschen, wenn sie wüssten, dass du allein bist, würden sie dich überfallen.« Madi bestand darauf zu bleiben. Also beschloss auch meine Großmutter, Oum Fadi, zu bleiben, um ihre goldene Tochter zu beschützen. Und ich, Suzanne, die Doppelwaise, gehe immer dorthin, wo meine Großmutter hingeht.

Aber ihre Entscheidung war nicht so endgültig, wie sie glaubte. Sie verließ jeden Tag um die Mittagszeit das Haus und ging zu dem Ort, wo Schadi und Maryam wohnten, und am nächsten Morgen kam sie niedergeschlagen und nervös wieder. Am Anfang kehrte sie morgens zurück, aber dann begann sie, später zu kommen, und ihr Stöhnen wurde wegen Madis Dickköpfigkeit immer stärker. Sie begegnete ihr stumm und wütend und danach ging sie und ignorierte mich.

Madi betrat ihr Zimmer, das nach Weihrauch duftete und mit vielen Bildern, Amuletten und Steinen mit Talismanen geschmückt war: Augen, Sterne, Pfeile und Kreise. Sie erinnerte sich erst an mich, wenn sie Hunger bekam. Dann erschien sie hinter der Küchentür.

»Möchtest du essen, Suzanne?«
»Ich habe gegessen.«
»Was hast du gegessen?«
»Essen.«
»Gut, gut, dann ist ja gut!«

Sie verschwand wieder und hinterließ mir ein Stück Land für das kommende Alter.

Ich bin Suzanne und mein Alter ist elf Planeten. Ich fand heraus, dass Skorpione naiv sind: Wenn man sich nicht beeilt, sie mit Gnade zu töten – indem man sie mit dem Schuh zerdrückt –, stechen sie sich selbst und sterben qualvoll. Ich beobachtete die syrischen wilden Eulen, klein und schüchtern, getüpfelt mit Erde, Schnee und goldener Farbe. Ich nahm an einem Festmahl für Hunde teil, bei dem sie ein riesiges Kaninchen von der Größe eines Fuchses fraßen.

Ich sah Männerleichen, die ich nicht kannte. Sie liefen herum und suchten nach Häusern, an die sie sich nicht erinnern konnten. Ich hatte mich den Karawanen zahnloser Frauen angeschlossen. Sie waren schwarz gekleidet und zerrten eine oder zwei magere Ziegen hinter sich her. Dazwischen liefen Kinder mit staubigen Gesichtern und weit aufgerissenen Augen. Einige von ihnen hatten Backenzähne, aber man konnte nicht erkennen, ob sie Mädchen und Jungen waren.

Eines späten Nachmittags befand ich mich in einem ummauerten Garten mit einem Stacheldrahtzaun und einer langen Reihe von Granatapfelbäumen, da hörte ich hinter mir ein Heulen wie aus einer anderen Welt. Wie kann man eine Stimme beschreiben?

Ich schaute auf die östliche Wand des Hauses, dahinter ein Hügel, da stand der Wolf. Seine Augen fixierten meine. Das Universum weitete sich. Der Wolf reckte seine Schnauze vor und berührte meine. Ich verwandelte mich in einen Wolfswelpen mit einer kleinen Schnauze. Die Klauen waren noch nicht hart wie Eisen, das dicke Fell sah aus wie verbrannter Zucker mit zwei Wolfsaugen, die sich an meine goldenen Augäpfel hefteten. Wenn er blinzelte, blinzelte ich auch.

Aber wir hatten gar keine Augenlider und kein Maul zum Schreien. Er heulte, ich auch.

Sein Geheul kam aus den Tiefen meiner Gehirnwindungen, aus einer alten vertrauten Angst.

Und ich? Das tiefe Heulen der Wölfin in meiner Brust stieg nicht bis in meine zivilisierte, menschliche Kehle hoch.

Meine Großmutter, Oum Fadi, wurde wahnsinnig, als sie uns nach ein paar Tagen besuchte und das ganze Haus und mich in einem unerträglichen Gestank nach wilden Hunden vorfand. Es gelang ihr nicht, das Schwarze unter meinen Nägeln zu entfernen.

3
Ich bin Suzanne, mein Alter ist fünfzehn Skorpione.

Ich komme benommen von einer allerersten Liebesbegegnung etwas zu spät zurück, so wie sonst auch. Ich kann mich nicht mehr erinnern, ob die Haustür offen stand oder ob ich an der Tür geklingelt habe. Ich war außer mir vor Liebe und von dem Duft des Kusses, als ich schon die erste Ohrfeige bekam. Das war nicht die erste Gewalterfahrung. Es waren gar nicht die schlimmsten Schläge und nicht der schwere Körper von Oum Fadi Al Akkasch, denn ich war woanders, als ich geschlagen wurde. Der schnelle Übergang überraschte mich. Das war das Erschreckende.

Im Moment der Gewalt steigt die Seele aus dem Körper, um die Szene von oben zu betrachten, als ob sie von einem Balkon in der Decke alles sieht: Mein Körper lag unter dem von Oum Fadi. Meine Hände schlugen alles, was sie erreichten, und meine Füße traten wütend nach allen Seiten aus. Von oben sah ich meine Tante Maryam, wie sie versuchte, mich festzuhalten, sie schaffte es aber nicht und schlug mich überall. Sie lächelte dabei wie die unschuldigen Kinder in der Werbung für Babypuder. Ich hörte meine Großmutter, die am Boden lag und schrie, ich sei eine Hure. Ich hätte den Krieg dazu genutzt herumzuhuren. Es sei höchste Zeit, dass ich wieder zur Vernunft käme. Oben, neben mir, stand ein Wolf und beobachtete mit mir zusammen das Geschehen. Als sie mit mir fertig waren, kam ich wieder zu mir, aber nicht ganz, denn zwischen mir und mir war eine Leere. In dieser Leere gab es einen Wolf.

Am Anfang – ich muss es gestehen – war ich einige Tage unausgeglichen: Ich schaute ihnen verwirrt ins Gesicht, glotzäugig, die Mundwinkel weit aufgerissen, und dachte: Was habe ich ihnen zu erzählen? Ja, was sollte ich erzählen? Wie sollte ich erklären, dass zwischen mir und mir eine Leere entstanden war? In dieser Leere saß anstelle meines Herzens ein Wolf, in meiner Mitte ein Wolf.

Meine Großmutter spürte das und geriet zum ersten Mal in eine verzwickte Lage. Sie hatte Angst, dass ich verrückt werden würde, dass sie mich verlieren würde. Meine Tante Maryam wiederum hatte Angst, ich würde sie verraten, als ob sie mit ihrem Lächeln immer die Absicht gehabt hätte, mich verrückt zu machen, damit ich verlorenging.

Auch mein Onkel spürte das, war wütend und schrie. Er

versuchte sich mir zu nähern, um meinen Körper zu berühren, aber ich war mit meinem Wolf beschäftigt: mit meinem neuen Herzen. Erst als ich mich beruhigte, konnte ich auf ihn hören. Er sprach besser als der Gott, von dem sie sagen, er wohne über dem Himmel und liebe nur die starken Männer und die Anwesenheit von schamlosen und menstruierenden Frauen beleidige ihn.

Mein Herz ist ein Wolf: In seiner Brust trägt er eine Kugel, wenn sie sich bewegt, schmerzt sie ihn, und je mehr er leidet, desto eher wird er ein menschliches Herz verzehren, um sich zu entspannen – oder die Köpfe von drei Elfen. Das mit der Kugel ist eine andere Geschichte.
Aber, was mich betrifft: Mein Herz ist ein Wolf.

Aus dem Arabischen von Suleman Taufiq

Lina Atfah UND
Nino Haratischwili

Lina Atfah und Nino Haratischwili schreiben ohne
Angst. Sie scheuen weder große erzählerische Bögen
über Generationen hinweg noch Themen,
die sie in Gefahr bringen.

Nino Haratischwili

Das Verteilen von Herzsplittern

Ich bin Lina nicht begegnet. Bis heute. Aber ich hatte gleich zu Beginn unserer Korrespondenz das Gefühl, sie zu kennen. Ich maße mir nicht an zu denken, dass dieses Gefühl einigen Parallelen in unseren Biographien geschuldet ist. Dass wir beide Kinder der Achtziger sind, dass wir beide weggegangen sind aus dem Land unserer Kindheit, dass wir beide in der Literatur eine Heimat gefunden haben, dass wir beide unsere Sprachen wechseln, sie neu finden mussten, dass wir beide diesen etwas geheimnisvoll-nervigen Stempel »exotisch« umgehen müssen, um jenseits der Klischees unsere Geschichten erzählen zu können, dass Deutschland uns zu einem zweiten oder besser gesagt zu einem anderen Zuhause geworden ist. Genauso wenig mag ich irgendwelche Parallelen in den Geschichten unserer Herkunftsländer suchen, die beide einen Reigen aus Krieg und Gewalt getanzt haben oder heute noch tanzen.

Es wäre falsch zu behaupten, unsere Erfahrungen oder Erinnerungen wären ähnlich oder gar gleich, denn das wäre leicht zu widerlegen, würden wir Nachforschungen anstellen und die Fotoalben in unseren Köpfen durchblättern. Ich glaube auch nicht, dass es sinnvoll ist, irgendwelche Überschneidungen des Leids zu suchen, denn das Land, aus dem ich komme, lebt heute – trotz der von Russland okkupierten Territorien – in Frieden. Das Land, aus dem Lina kommt, ist mittlerweile zum Sinnbild einer modernen Menschheitstragödie und allen voran des menschlichen Versagens geworden. Aber das ist ein anderes Thema.

Ich finde es falsch, eine künstliche Nähe zu behaupten, um eine plausible Erklärung dafür zu finden, was mich zu Lina oder vielmehr zu ihren Gedichten gebracht hat und wie sie mich in ihren schaurig-schönen Bann gezogen haben.

Denn simpel gesagt habe ich Linas Literatur erst durch das Projekt *Weiter Schreiben* entdeckt. – Lina und ich wurden einander zugewiesen, ohne viel voneinander zu wissen. Wir begannen mit dem Austausch von E-Mails. Ich hatte mir keine großen Gedanken darüber gemacht, was daraus entstehen sollte oder könnte, ich weiß noch, dass ich mich etwas unsicher gefühlt habe – was könnte ich Lina anbieten, wie könnte ich ihr helfen, im literarischen Deutschland besser anzukommen? Ich wusste, dass sie seit einigen Jahren in Deutschland lebte, die Sprache lernte und Lyrik schrieb – die in ihrer Heimat nicht veröffentlich werden durfte und die in Deutschland noch kein richtiges Zuhause gefunden hatte.

Ich bin mit Lyrik groß geworden. Hauptsächlich mit russischer, georgischer und deutscher. Meine Großmutter konnte seitenweise Achmatowa und Jessenin rezitieren, und stets glühten ihre Augen dabei, immerzu betonte sie die Schönheit der Sprache und wies mich auf die Feinheiten einzelner Wortkombinationen hin. Sie wurde in den 1930ern geboren, zur Zeit der stalinistischen Repressionen, und wie jeder Sowjetmensch war auch für sie die Lyrik eine Art Urgewalt, eine mächtige Waffe gegen das System, eine codierte, geheime Sprache, in der die vielen Millionen Menschen, die in einer Diktatur lebten, miteinander kommunizieren und sich austauschen konnten. Man sprach gar vom poetischen Widerstand und von der »zweiten Kultur«.

Ich konnte diese Begeisterung, diesen Aufruhr, mit dem sie mir die Verse vortrug, nur bedingt nachvollziehen – die Zensur hatte in den 1980ern natürlich nachgelassen, auch war ich zu jung, um die gesamte politische Dimension, die sich in diesen Zeilen verbarg, nachvollziehen zu können, aber mit der Zeit, als ich mich Jahre später auf die Spuren des russischen Symbolismus begab, begriff ich, was sie so entflammen ließ – es war die Möglichkeit, das Unsagbare, das Verbotene, das Unterdrückte, das Schmerzliche einer ganzen Nation und somit auch eines jeden Einzelnen in Worte zu fassen. Vom Fabrikarbeiter bis hin zum Arzt – sie alle waren vereint in einem System aus Angst und Unterdrückung, und sie alle waren auf dieselbe Art und Weise wortlos. Sicherlich besaßen manche mehr und manche weniger Privilegien, aber allen wurden die Flügel gleichermaßen beschnitten, alle waren gleichermaßen Gefangene in ihrem eigenen Land. Und einzelne Menschen, in diesem Fall die Dichter, die ihre Zeilen nicht selten mit unsagbarem Leid oder gar mit dem Tod bezahlen mussten – sprachen für all diese Sprachlosen. Sie fanden Worte für das, wofür die anderen keine hatten. Sie fanden Umschreibungen und Übersetzungen für all die Gefühle, die die Menschen in diesem riesigen Reich in sich trugen und doch niemals offen zeigen durften.

Als ich Linas erstes Gedicht las, musste ich merkwürdigerweise an meine Großmutter und ihre glühenden Augen denken, wie sie die Zeilen bestimmter Dichter vortrug, als wollte sie mir mit ihrem Blick noch so viel mehr verraten als die Worte, die sie aufsagte, als verbärge sich hinter ihnen noch ein viel tiefer gehender Sinn und ein doppelter, wenn nicht gar dreifacher Boden. Ich konnte diese Böden nicht alle erfassen, aber ich ahnte, ich spürte sie.

Trotz der Gegenwärtigkeit dieses Anblicks, den ich sofort vor Augen habe, wenn ich an meine Großmutter denke, erschien mir dieses Glühen, dieses Geheimnis, das sie mit so vielen aus ihrer Generation teilte und das mir nie ganz zugänglich war, als etwas sehr weit Zurückliegendes, wie ein Relikt aus einer vergangenen Epoche. Denn für mich, als eine in den letzten Atemzügen der Sowjetunion Geborene, war diese Art von Zensur und Angst nicht wirklich greifbar und vorstellbar. Als ich meine ersten literarischen Schritte unternahm, lebte ich zwar in einem bürgerkriegszerrütteten Land, in dem das tägliche Überleben einem Kreuzzug durch den Dschungel glich, aber dennoch war es bereits ein freies Land, und niemand interessierte sich dafür, was ich da aufs Papier brachte. Die Menschen hatten ganz andere Sorgen.

Später, nach meinem Umzug nach Deutschland und nach dem Wechsel der Sprache, fühlte ich mich noch freier, als hätte mir die erlernte deutsche Sprache eine Distanz ermöglicht, die ich benötigte, um bestimmte Dinge aufs Papier zu bringen, die ich vielleicht in meiner Muttersprache nicht zu schreiben vermocht hätte. So oder so war für mich das Schreiben zwar immer eine Art Grenzüberschreitung, ein Zustand, als würde man durch ein Mikroskop auf das Leben schauen, aber es war niemals etwas, das ich mir erkämpfen musste, es war niemals etwas, das mich auch nur ansatzweise in so etwas wie Lebensgefahr brachte, niemals etwas, das einer Art codierter Geheimsprache glich – wie im Falle der Generation meiner Großeltern.

Lina, die 1989 in der syrischen Stadt Salamiyah zur Welt kam und im Kreis einer großen Familie aufwuchs, schreibt seit ihrer Kindheit Gedichte. Sie nahm an vielen Lesungen und verschiedenen literarischen Veranstaltungen teil, bis sie, damals 17-jährig, ein Gedicht vortrug, das sie wegen seines politischen und sozialen Inhalts mit dem Regime in Konflikt brachte. Sie wurde der Gotteslästerung und Staatsbeleidigung beschuldigt. Und das war nicht 1937, sondern 2006. Ihr Lyrikband *Am Rande der Rettung*, der danach veröffentlicht wurde, konnte nur außerhalb von Syrien erscheinen.

2013 musste Linas Mann Syrien verlassen, während Lina ein Jahr in der Ungewissheit und unter dem ständig wachsenden Druck der Regierung lebte. Sie wurde immer wieder zu verschiedenen Befragungen und Untersuchungen in Damaskus vorgeladen – »ich überlebte, aber mein Herz blieb dort«, schrieb sie mir. 2014 gelang auch ihr die Ausreise. Als ein neuer Osman und als eine neue Lina seien sie und ihr Mann sich nach diesem Jahr der Trennung in Deutschland wiederbegegnet.

Die Erfahrung, aus der Heimat fliehen zu müssen, ist, so denke ich, in jeder menschlichen Biographie ein harter Schnitt, eine Zäsur, ein Teilen in Davor und Danach, aber für einen Autor ist es eine doppelte Entwurzelung, ein Verlust der Sprache und somit ein Sprung in die Unerträglichkeit des Ungewissen. Bei Lina hat es acht Jahre gedauert, bis sie in Deutschland, ihrer Wahlheimat, ihre Sprache wiederfand. Erst 2015, schreibt sie, bekam sie die Möglichkeit, in Köln an einer Lesung teilzunehmen, eine Art Türöffner – denn sie erhielt daraufhin das Angebot, einen ihrer Texte in deutscher Übersetzung in einer Anthologie zu publizieren. Das ist, denke ich, ein großer Schritt für jemanden, den die Flucht und die fremde Sprache für acht Jahre zum Schweigen verdammt hatten. Auch schrieb sie mir, dass sie 2015 zum ersten Mal wieder eine Hoffnung hatte, als Autorin gehört und gelesen zu werden. Sie nahm an einem Übersetzerworkshop teil, ihre Gedichte wurden ins Deutsche übersetzt, sie wurde Teil des *Weiter-Schreiben*-Projekts.

Kurz nachdem Lina und ich mit unserer Korrespondenz im Mai begonnen hatten, schrieb sie mir in einer E-Mail, dass ihr Vater verhaftet worden sei und es ungewiss sei, ob und wann er wieder freikommen werde. Mittlerweile war Linas Familie, bis auf ihren Vater, ihr nach Deutschland gefolgt. Ohnmächtige, wütende, fassungslose E-Mails vom gesamten *Weiter-Schreiben*-Team wurden ausgetauscht, auch ich fühlte mich zutiefst betroffen und zugleich nutzlos. Man wollte Lina Trost spenden, ihr Hoffnung machen, aber man wusste, es waren doch nur Worte. Auf einmal war das ganze menschliche Drama des fast sieben Jahre andauernden syrischen Kriegs, den man über Fernseher- und Computerbildschirme verfolgte, von dem man in den Nachrichten las, greifbar, auf einmal wirkte es nicht mehr so fern, sondern schien aus den Bildschirmen in unsere Realität zu kriechen. (Ich fühlte mich ins Jahr 2008 zurückversetzt, als ich, inmitten meines georgischen Urlaubs, von einem Tag auf den anderen, mitten im Kriegsgeschehen zwischen Russland und Georgien feststeckte und wie verrückt E-Mails an Freunde schrieb.)

Da habe ich begriffen, warum ich bei den Zeilen von Lina an die glühenden Augen meiner Großmutter denken musste. Warum mich unser E-Mail-Austausch so empfänglich machte für Gefühle, die ich seit meiner Kindheit an einen fernen Ort verbannt hatte. Ich begriff, dass diese Vergangenheit, von der ich immer annahm, dass sie zu meiner Großmutter gehörte, aber nicht zu mir, niemals vergangen ist. Dass sie genauso zu meiner Gegenwart gehört wie der Glaube, ein freier Mensch zu sein. Dass diese Gegenwart, auch hier, im sicheren Deutschland, durchaus Bestand hat.

Lina war jetzt. Lina machte das Dort zum Hier. Lina war diejenige, die schrieb:

»Sie kommen auf dem Land-, dem See- oder dem Luftweg
Fliehen von Hauptstadt zu Hauptstadt, von einer Grenze zur anderen
als seien die Landkarten Illusionen
und als sei ihr Anteil am Leben die Flucht
als ob das Land düstere Augen hätte, die im Nebel tränten…«

Und ein paar Zeilen später:

»Mir kam es so vor, als sei ich ein Lexikon meines Ortes und wenn man mir sagte, oh Mädchen, das Reden ist nicht gestattet, weinte ich um meine Sprache: Verhülle mich! Am Rande der Rettung…«

Lina war das Glühen in den Augen meiner Großmutter. Sie fand Worte für die, die sie verloren hatten. Sie suchte nach einer Sprache inmitten der Sprachlosigkeit. Sie machte für mich etwas greifbar, was in seiner ganzen Grausamkeit zur Abstraktion verkommen war. Sie erzählte Geschichten von ihrer Welt, die zum Abschuss freigegeben worden war.

»Ich bin immer in Stücke zersprungen und alle meine Gedichte sind silberne Herzsplitter.« Dieser Satz stammt von meiner Lieblingsdichterin Marina Zwetajewa und auch Lina legte diese Herzsplitter bloß.

Die Vergangenheit, von der ich annahm, sie wäre fort, ist niemals vergangen. Wir leben in einer Zeit, in der Nationalität wieder die stärkste Währung und die größte Identifikationsfläche wird. Wir bauen Stacheldrahtzäune und haben Angst vor Fremden, denn von denen heißt es unentwegt, sie seien so anders als wir. Es ist nahezu absurd, dass man sich am fremdenfeindlichsten in den Regionen zeigt, in denen die wenigsten Kulturen nebeneinanderleben, in denen die wenigsten »Fremden« zu Hause sind. Und je mehr Hass und Abschottung gepredigt wird, desto wichtiger ist es zu erzählen, wer wir sind und woher wir kommen und wie viel wir doch gemeinsam haben. Desto wichtiger ist es, eine Sprache zu finden, die vielleicht nicht jedem zugänglich ist, die aber jeder mit seinen Sinnen ertasten kann, die ihn genau dort erreicht, wo er niemals glaubte, entdeckt zu werden. Diese Sprache heißt die menschliche und Linas Gedichte sind in genau dieser Sprache verfasst. Sie klagen nicht an, sie werfen nichts vor, sie ersticken nicht an der eigenen Wut oder Trauer, sie erzählen einfach, erzählen davon, wie es ihr und vielen Menschen aus ihrer Welt ergangen ist, und konfrontieren uns somit mit uns selbst und den Fragen unserer Gegenwart.

Ende Juni kam Linas Vater frei. Er ist seit dem 24.10. im Libanon. (Lina wies mich darauf hin, dass es der Geburtstag von Hertha Koenig sei.) Die ganze Familie hofft, dass er bald nach Deutschland ausreisen darf. Und derweil schreibt Lina:

»– Wo gehe ich mit meinen Gedichten hin?
– Heb ein kleines Grab unter deinem Kissen aus und
  schlaf, damit deine Träume wahr werden …
– Was mach ich mit der Zeit?
– Brich sie auseinander wie einen Granatapfel …
– Warum sterben die Tyrannen?
– Damit die Völker leben …«
Und verteilt weiterhin ein paar von ihren Herzsplittern.

Laudatio zur Verleihung des »Kleinen Hertha-Koenig-Preises« an Lina Atfah

Osman Yousufi / Ohne Titel,
Fotografie (2017)

Lina Atfah

In meiner Hand erblühte

(Gedicht an eine Frau)

Eine Rose für deine Taille,
die von der Melodie fortgetragen wird.
Eine Rose für dein Haar,
in das der Kamm beißen will.
Eine Rose für deine Augen,
deren Honigfarbe sich alle ergeben.
Eine Rose für deine Finger,
die ins Bettlaken krallen bis zum Erröten.
Eine Rose für deine Knie,
die sich beugen, bis die Welt um sie herum zerfließt.
Eine Rose für deine Fersen,
unter denen jeder Kieselstein zur Süßigkeit wird.
Eine Rose für deine Zehen,
die dem Teich schmeicheln.
Eine Rose für dein Kleid,
das deinen Körper enthüllt.
Eine Rose für deinen Lippenstift,
der die Spiegel zu Tafeln zügelloser Mädchen macht.
Eine Rose für deinen Mund,
der das Gedicht offenbart und den Kuss versteckt.
Eine Rose für deine Schultern,
die eine nach der anderen tanzen gehen.
Eine Rose für deine Geheimnisse,
die die Nacht in tausend Ohren verwandelt.
Eine Rose für den Weg,
in dessen Mitte du gezögert hast.
Eine Rose für deinen Schatten,
die schemenhafte Versuchung an der Wand.
Eine Rose für die Olive,
die dir deine scharfe Farbe gab.

Eine Rose für den Regen,
der mehr Regen mit sich bringt.
Eine Rose für die Mutterschaft:
die dich nicht leugnet, ob du willst oder nicht.

Eine Rose für die Einsamkeit der Frauen:
Sie verschwinden gemeinsam im Bad,
sie gürten ihre Taille mit Bändern,
machen sich die Nägel,
flechten sich die Haare
und erzählen einander von all den Enttäuschungen.
Von der Strenge der Väter
und der Obsession mit den Vätern,
die bis zur Keuschheit führt.

Eine Rose für deine Liebhaber,
weil du sie niemals verflucht hast.
Eine Rose für die Liebe
in guten wie in schlechten Zeiten.
Eine Rose für die Bücher, das Weinglas, die Vase, den Weihrauch
und die Lieder von Sabah Fakhri.
Eine Rose für all deine Sachen.
Ich mache einen Rosenstrauß aus dir.

Hinter allen diesen Welten, Augen, Lippen und Tränen,
hinter der Angst der Menschen voreinander,
weit weg von den Schwertern und den Steinigungen,
weit weg von allem, was die Vögel aus ihren Nestern fliehen lässt,
dort, wo das Wasser der Weiblichkeit das Universum zur Quelle führt,
dort, wo das Wasser der Weiblichkeit dem Universum seine Mündung zeigt,
von dort aus werde ich dir mehr und mehr erzählen.
Eine Rose nach der anderen
werde ich dir Gedichte schreiben.

Aus dem Arabischen von Osman Yousufi mit Annika Reich

Moshtari Hilal / Sieben Gesichter,
Anfertigung zum Text, Illustration, Tusche auf Papier (2018)

Lina Atfah

Sieben Gesichter, die bleiben

Julia Trompeter
Ich traue mich nicht, an neuen Orten zu schlafen,
wo mein Kopf auf Alpträume fällt.
Jeder neue Ort ist ein neues Tor zur Einsamkeit.
Aber ich sehe dein blondbraunes Haar:
Es stellt der Sonne eine Falle,
verleiht ihr ihre Farben
und schenkt ihr einen zärtlichen Vorhang.
Du schlägst die Beine übereinander,
schaust auf die Weinberge, die sich zu dir neigen.
Du gleichst den Engeln von Michelangelo,
aber du lachst,
und dein Lächeln verleiht dem Ort seine Vertrautheit.
Ich verriet dir meine Geheimnisse
und verrate dir gerade, wie ich ein Gedicht schreibe,
du Schöne! Du schenkst meinen Träumen den Schlüssel
der Weinberge.

Christoph Peters
Der in die Ferne reisende Blick,
weiter als die Weite und größer als das Schauen und
Umherschweifen.
Dein Blick erfasst die ganze Geschichte,
entblößt mich,
empfängt meine Traurigkeit, meine Gesänge, meine
orientalischen Rhythmen
und die altarabischen Gedichte samt ihren metrischen
Strukturen.
Dein Blick empfängt mich, als wäre er meines Auges Kind.
Du erhebst dein Glas – alles halal –,
während du für mich singst den Blues.

Dorothea Grünzweig
Was bist du für eine Frau!
Du trägst die Reinheit des Wassers aus dem hohen Fels.
Deine Hand zittert und du hältst das Gedicht fest,
als wäre es eine Rosenknospe.
Du schenkst der Welt die Süße deines himmlischen Gebets.
Ich beginne an das Leben zu glauben
und die Freude der Kinder beim Kerzenanzünden
zu verstehen.
Da soll die Erde mit den Flügeln schlagen
und sich höher und höher gen Himmel erheben.
Du gabst mir, was ich lange vermisste:
den Glauben.
Ich glaube an dein Herz.

Jan Wagner
Wenn ich deinen Namen rückwärts lese,
wird NAJ in meiner Sprache zur Flöte.
Ein NAJ bist du.
Im Orchester spitzt man die Ohren zuerst für dich,
selbst wenn du ganz leise bist.
Um dich versammeln sich Kinder,
Gänse, Gras und Bäche.
Ich hörte in deiner Stimme das Gedicht,
auch in deinen Fingern und deinem Lächeln,
und in Marittas blauen Augen, die mit jedem
deiner Blicke
noch schöner purpurn glänzten.

Joachim Sartorius
Listiger Herr!
Wie leicht ist es, sich in deinen Netzen zu verfangen.
Du kannst uns von allem überzeugen,
du könntest Wasser in einem Sieb tragen.
Du kannst Erzählungen beleuchten,
die wir sehen sollen.
Das Wort ist eine Falle, der Blick ist eine Falle, und auch
das warme Händeschütteln beim Abschied ist eine Falle.
Wir glauben es dir, denn nichts ist genüsslicher, als dir
zu glauben,
du Zauberer! Du verwandelst die Stille in einen Hut
und das Lächeln in ein weißes Kaninchen.

Brigitte Oleschinski
Als die Welt von meinen Schultern herabstieg,
fielen die Berge hinab.
Sie rollten fort und ich erreichte sie nicht.
Die Meere rannen durch meine Finger,
das Wasser spülte den Sand von meinen Lenden
und die Luft trocknete meine Haut.
Bevor alles zu Ende ging, hielt ich mich an deinem
Arm fest
und bettelte um dein edles Lächeln:
Was könnten wir tun, meine Liebe?
Wir können schreiben und sein!
Das Weibliche, das Mütterliche, die Freiheit und
das Gedicht
sind die Wege deiner Geheimnisse –
Wege, die die Erde fürchtet.

Hans Thill
Unter deinen Schritten wächst Gras,
zwischen deinen Fingern entspringen Wein,
Buchstaben, Metaphern und Texte.
Rosige Wolken ziehen über den Raum.
Du liest dein Gedicht,
deine Stimme ist ein Ausflug des Fremden in die
neue Sprache.
Prinz der Weinberge, reich mir die Hand!
Dein Geschick fliegt hoch mit den Falken von
Edenkoben.
Das Mädchen, das seinen Dichter küsste,
tanzte mit dir Walzer und vergaß
dich zu küssen.

Aus dem Arabischen von Mustafa Al-Slaiman

Fady Jomar UND David Wagner

Fady und David sind beide Meister der Alltagsbeobachtungen. Und Reisende, wenn auch aus unterschiedlichen Gründen. Wo sind wir, wenn wir reisen, fragt David, und Fady schreibt ein Gedicht über einen Koffer.

David Wagner

Ein zweites Leben geschenkt bekommen

1

Fady und ich trafen uns zum ersten Mal im Sommer, Mitte August, es war heiß. Bis dahin hatten wir uns nur Facebook-Nachrichten geschrieben, er antwortete meist sofort, überhaupt war er, wie ich sah, sehr aktiv auf Facebook. Wir verabredeten uns am S-Bahnhof Oranienburger Straße, zehn Minuten vor dem vereinbarten Zeitpunkt rief er mich an, er sei schon da. Wir schlenderten durch die Auguststraße, plauderten, tauschten uns aus. Er sei zu Besuch in Berlin, begann er zu erzählen, wohne bei einem syrischen Freund in Marienfelde und suche nach einer Möglichkeit, legal in Berlin zu leben. Um nach Berlin umzusiedeln, brauche er eine offizielle Arbeit und einen Arbeitsvertrag. Vom Leben auf einem Dorf in der Nähe von Gummersbach (Gummersbach in der Nähe von Köln) habe er genug, die Stadt, Freunde und Inspiration fehlten ihm. Wir sprachen Englisch, Deutsch hatte er noch nicht gelernt.

Er erzählte seine, im Vergleich zu anderen komfortable, Fluchtgeschichte: eine Einladung zu einem Opernfestival nach Frankreich, ein Flug aus der Türkei, wo er fast ein Jahr verbracht hatte. Den Veranstaltern des Festivals musste er versprechen, nicht in Frankreich zu bleiben, also kam er mit einer Mitfahrgelegenheit – er nannte, er hatte ihn sich gemerkt, den Namen des französischen Anbieters BlaBlaCar – nach Deutschland und beantragte Asyl.

Wir saßen mittlerweile im Hackbarth's, er trank Bier und wirkte keine Minute wie ein Fremder. Er passte nach Berlin.

2

Weiterschreiben? Immer weiterschreiben? Wie soll das gehen? Was überhaupt und wozu? Ich weiß ja selbst nicht, wie weiterschreiben, dachte ich, als wir im Hackbarth's saßen. Eigentlich habe ich keine Ahnung und weiß nicht, wie ich helfen kann. Wir können uns, wenn überhaupt, nur gegenseitig helfen.

3

(Aus unserem Facebook-Chat-Protokoll)

Dear Fady, how are you? Where are you right now? Are you writing? I'm sitting at the Grimm-Zentrum, a library in Berlin. It's raining and I'm trying to write something about Berlin. Berlin is one of my topics as a writer, has been for years.

Do you write these days? Do you write every day? What did you write and what did you do before you came to Germany? When did you come?

I came to Germany 46 years ago, the day I was born.

Quite boring. But my father is from Austria, so there is a mini-part of foreignness in me and also I grew up with an English stepmother (but I wasn't too fond of her).

I'm in this writing-thing since more than twenty years now and I'm still not bored. Sometimes I wonder why. There were times when I wanted to give it up, when I thought of doing something completely different, something ordinary, stable, less exhausting – but there was always a new book to write. Still, I am not quite sure how this writing-thing works. From time to time I teach writing – but how could I do so when I don't really know how to write?

4

Wie würde ich mich fühlen, wenn alles, wenn all das, was mir lieb und wichtig und vertraut ist, plötzlich nicht mehr da wäre? Wenn ich alles verlieren würde? Als ich jünger war, habe ich einige Male versucht, solche Situation herzustellen, zu simulieren; einige Male bin ich abgehauen, um anderswo neu anzufangen, bin ins Ausland gegangen, habe ein Jahr mal nichts von mir hören lassen – ich wollte vom Verlust erzählen. Dann aber konnte und bin ich doch immer wieder zurückgekommen. Ich weiß also nicht, wie es ist, alles zu verlieren – weiß aber, das ist meine Geschichte, wie es sich anfühlt, morgen oder übermorgen eventuell nicht mehr zu leben. Und ich weiß, was es bedeutet, ein neues, ein zweites Leben geschenkt zu bekommen.

5
(Aus meinem Tagebuch, 17. August 2017)
Mit der S-Bahn zur Oranienburger Straße, Fady schreibt, er sei schon da, und ruft an. Treffen uns oben vor dem Postfuhramt, hatte ihn gestern wieder angeschrieben, er ist, Zufall, gerade in Berlin, zu Besuch bei einem Freund. Er hat einen Bauch, einen Vollbart, ist nicht groß und trägt ein gebügeltes hellblaues Hemd zu Jeans, sein Jackett hat er ausgezogen, es hängt über seinem Arm. Er spricht leidlich Englisch und kein bzw. kaum Deutsch. Wir spazieren ein bisschen Richtung Auguststraße, er erzählt, ich erzähle. Wir setzen uns ins Hackbarth's, draußen, blicken auf die Vorübergehenden, Sommer in der Stadt, alle sind schön. Fady erzählt: Vier Monate in Syrien im Gefängnis, ein halbes Jahr in Beirut, neun Monate in der Türkei, in Gaziantep, einer kleineren Stadt im Südosten Anatoliens. Er sei nach Frankreich eingeladen worden, zum Opernfestival in Aix-en-Provence, er habe das Libretto zu einer Oper geschrieben, die dort aufgeführt wurde, und sei anschließend nicht in die Türkei zurückgekehrt, sondern mit seinem zwanzig Tage gültigen Schengen-Visum nach Deutschland weitergereist. Und habe Asyl beantragt. Seinem Bruder und dessen Frau sei es mittlerweile gelungen, eine Wohnung in der Pariser Banlieue zu finden, seine Eltern seien in einer Kleinstadt in der Nähe von Damaskus zwar nicht in Sicherheit, immerhin aber so sicher, wie man in Syrien heute sein könne. Frage ihn, ob er zornig sei. Frage ihn

nach der Wut. Er sagt, mittlerweile sei die Wut kalt: kalt wie ein spitzes Stück Stahl.

Seit fast zwei Jahren sei er schon in Deutschland. Es sei schade, dass er nicht nach Berlin ziehen dürfe, er brauche die Stadt. Er lebt in einem Dorf in der Nähe von Gummersbach, weit weg von Köln. Zu weit. Er trinkt Bier, ich Kaffee, und ich frage ihn nach den Kaffeehäusern in Damaskus und nach Tee und wie er dort getrunken wird.

Erzähle ihm von den deutschen Vorzeige-Literaturimmigranten Abbas Khider und Wladimir Kaminer, die sich, auf Deutsch schreibend, in die deutsche Literatur und ihren Betrieb hineingeschrieben haben. Fady sieht seine Zukunft eher im Theater und in der Oper und in arabischen Stoffen in Übersetzung.

Spaziere mit ihm zu dem syrischen Imbiss in der Torstraße neben dem Toca Rouge – merke jedoch, dass er, wie mir scheint, gar nicht so gern zu Fuß geht. Bringe ihn später mit der Tram zum U-Bahnhof Oranienburger Tor, er muss in die Görlitzer Straße, dort gibt es ein Lokal, in dem er vielleicht arbeiten kann. Er möchte sich vorstellen. Wir verabschieden uns.

6

Eine Woche nach unserem ersten Treffen hatte Fady eine Stelle als Koch in einem syrischen Restaurant gefunden, er kochte das Tagesgericht. Ich fuhr hin und probierte, was er zubereitet hatte. Es war gut. Und ich kam wieder, mit meiner Tochter, dann mit Freunden. Er kocht noch immer dort und postet oft Fotos von seinen Kreationen.

Ala' Hamameh / Memory Reunion,
Mischtechnik auf Leinwand, 30 × 97 cm (2016)

Fadi Jomar

Koffer

Koffer sind ursprünglich Handflächen, viel zu klein,
und Schultern, viel zu schwach für all die Sorgen.
In den Koffern stecken Gesichter,
Salz, Geduld und verworrene Stimmen,
Gedränge, Geschichten und Menschen.
Sie haben kein Wort
für unbeschwert.
Die Koffer sind Mutter,
Olivenöl, Thymian und Brot,
Hefte voller Träume.
Je größer die Koffer, desto älter werden wir.
Egal, wie weit wir verstreut sind, die Koffer sind unser Halt, der Ort, an dem wir uns sammeln.

Wenn dir
der Bruch im Angesicht der Zeit bewusst wird,
dann bergen die Koffer Geduld,
und du lebst in ihrer Zeit.
Berge von Demütigungen zerfallen zu einer Handvoll Staub,
bewahrt in einem Koffer.
Enttäuschungen der ersten Liebe,
die erste Lektion im Lügen,
die Scheu der Mädchen vor den Jungen,
die Steine des Weges, die unsere Schritte verändert haben,
alles steckt im Koffer, auch das Wort, das unterwegs gefallen ist,
und jeder Schritt.
Namen, die unerwähnt blieben

und stumm gestorben sind, weil das Sprechen darüber
immerzu aufgeschoben wurde,
ihre Zeit wird kommen.
Die tückischen Messer,
die ins Licht der Seele stachen,
die du im Dunkeln geschmuggelt hast,
allesamt lasten
auf dem Rücken, im Koffer.
Augen, die sich in den Schlaf weinen,
Augen, die schlaflos wachen,
bei all dem Blut auf den Straßen,
das Groß und Klein ertränkt,
du kennst sie nicht.
Die Angst um dich selbst,
die Sprachlosigkeit im Angesicht des Todes,
die Schmach, die dir wie ein Messer in den Sinn sticht,
die Flucht vor der eigenen Vorstellung,
all dies hast du anderen vorgeworfen.
Die Grenzen, die du niedergerissen hast,
allesamt
lasten auf unserem Rücken – im Koffer.

Wir, die geflohen sind,
oder glaubten, wir könnten es,
fliehen vor dem Wort in ein Meer von Schweigen.
Wir, die wir Angst haben vor dem Grab,
tragen Koffer, darin unseren Sarg.
Wir suchen den freien Raum,
wollen ihn lieben und fliegen,
Doch die Koffer sind groß und schwer geworden,
sind uns Gefängnis und Haus.

Aus dem Arabischen von Leila Chammaa, Kathrin Janka, Mekdam Al Nabwani, Tamam Al Nabwani & Raguel Roumer

Giath Taha / aus der Serie »Ashes in Faces«,
Fotografie (2013)

Fadi Jomar

Stark ist der Arrak

Stark ist der Arrak.
Ist kein Wasser mehr da?
Ich bin durstig,
ins Leben geworfen vom Schmerz,
bin durstig nach dir, Bruder.

* * *

Stark ist der Arrak –
Prost!
Ich vermisse es, mit dir zu trinken, noch einmal,
Geschichten einzusammeln, bis an den Rand zu gehen.
Wir packen die Reisetasche,
wandern aus ins Unbeschwerte,
überlisten das Morgen,
versenken unsere Namen in verlorenen Heften,
klauen die Zeit, die Unheilige.

* * *

Stark ist der Arrak –
Prost!
Was sagst du?
Werden wir wieder Kinder sein?
Spielen auf den Gefängnismauern – zu Hause?
Zusammen groß werden, uns im Blick behalten?
Was sagst du? Kommen noch Tage voller Leben?
Werden wir dem Paradies glauben
und irgend so ein Feuer fürchten?
Stark ist der Arrak –
Prost!

Bist du alt geworden, müde wie ich?
Nein, du bist noch schön.
Trägst du am Auge noch den schwarzen Kajalstrich –
unser Erbe?
Gehst du noch aufrecht?
Und deine Wangen? Sind sie immer noch rosig und frisch?
Auch du bist gealtert, Junge!
Verdammt! Ich dachte, du stehst über der Zeit.
Aber die Zeit steht neben dir.

Stark ist der Arrak –
Prost!
Am liebsten würde ich dich ausschimpfen,
beim Leben unseres Vaters und seinen lachenden Augen,
das möchte ich.
Aber wofür? Eine Rose ist ohne Makel.
Ich habe nur dich,
nur dir kann ich von der Müdigkeit erzählen.
Ohne dich gibt es weder Wort noch Ohr.
Ohne dich regt sich nichts in meiner Brust.
Und wir verschließen die Tür vor dem Wind.
Wärst du nicht mein Halt, fiele ich und hätte endlich Ruhe.
Und das Nichts wäre mir lieb – so lieb.

Wir sind jetzt so, wie Vater befürchtet hatte:
Jeder an einem Ort.
Treffen wir uns? Treffen wir uns nicht?
Wer bringt das Leben zurück, das verflogen ist im Nu?
Der Arrak scheint verändert zu sein, Bruder,
auch Leib und Seele.
Wenn wir weinen, zählen wir die Tränen nicht,
Wenn wir uns aber betrinken wollen, sind die Gläser
gezählt.

Aus dem Arabischen von Leila Chammaa, Kathrin Janka,
Mekdam Al Nabwani, Tamam Al Nabwani & Raguel Roumer

Obaidah Zorik / Ohne Titel,
Acryl auf Leinwand, 170 × 120 cm (2017)

Fadi Jomar

Lieder der Kälte

Warme Lieder werden kalt,
Namen der Erschöpfung und des Versprechens.
Nur noch eine Nacht bis zu unserem Treffen,
aber die Sonne hat uns getäuscht,
sie ging nicht auf und wärmte uns nicht.
Die Nacht endete nicht,
sie dehnte sich aus am Seil der Lüge.
Auch wenn wir
von der gleichen Quelle trinken
und uns auf der gleichen Erde abmühn,
bleibt zwischen uns eine Wüste.
Tausende von Gestern und Morgen,
Tausende von Soldaten an den Grenzen.
Warme Lieder werden kalt,
Geschichten werden wahllos zusammengetragen.
Dein Kajal wie meine Handfläche,
deine Stimme –
gefühllos, als du fortgingst,
wie Basilikum im Palast eines Sultans,
wie ein Zelt auf einer weiten Steppe,
wo Hyänen vor Einsamkeit zu Nachbarn wurden,
wie ein Toter,
der sich für sein Land opferte,
als ob er sein Leben bereute,
wie alles, was in uns verbrannt ist,
wie wir gingen, wie wir kamen,
wie wir waren, wie wir wurden,
wie eine Erinnerung an das Vergessene.

Deine Quelle beklagte sich bei deinem Fluss
und beim Ufer,
beim getrockneten Blut, während sie
auf den Puls eines vertrauten Echos wartete,
beklagte sich bei dem, der begonnen hatte,
und bei dem, der es geschafft hatte,
bei dem, dessen Nerven blank lagen,
damit er zur Ruhe kommt,
bei all dem, das mir geraubt wurde,
bei deinem Gesicht, diesem Räuber der Seele,
es ließ nur wenig übrig von deinem Leben.

Warme Lieder werden kalt,
Märzblumen erblühen nicht.
Ein erschöpfter Junge besingt nicht mehr
deine Stimme,
deine Lüge und deinen Tod.
Ehemals kroch er auf deine Brust,
plötzlich vergreiste das Kind.

Warme Lieder werden kalt.
Mein Herz ermüdet von deinem Sand,
ermüdet von der Flut deiner Fantasie,
ermüdet vom Aussäen, ohne zu ernten.

Aus dem Arabischen von Suleman Taufiq

Galal Alahmadi UND
Tanja Dückers

Galal Alahmadi und Tanja Dückers arbeiten gemeinsam an ihren Texten und nehmen sich die Zeit, die Wörter brauchen, um von einer in der anderen Sprache anzukommen.

Tanja Dückers

Ein Monster, das immer fortfahren wird

Galal Alahmadi bin ich zum ersten Mal im letzten Sommer im Berliner Haus für Poesie begegnet. Nun konnten wir unseren Austausch vertiefen. Seine Gedichte haben mir schon damals großen Eindruck gemacht.

Galal erzählt, dass er gar nicht so überrascht über das Leben in Deutschland gewesen sei. Er hatte immer viele Filme gesehen und sich über Europa informiert. Galal fand die Deutschen jedoch freundlicher als erwartet. »They smile!«, sagt er – und so wie er es betont, muss es sich dabei um ein besonderes Ereignis handeln.

Ich möchte nun von ihm wissen, wie er die seltsame neue Sprache findet und ob er schon Lieblingsworte oder -begriffe im Deutschen hat. Galal berichtet, dass er die deutsche Sprache anfänglich – im Vergleich zum Arabischen und Englischen – als »harsh« und »annoying« empfunden habe. Ich muss grinsen: Das Arabische klingt in meinen Ohren immer recht hart und schroff.

Wir unterhalten uns über die Literaturszene in seiner Heimat. Nur eine Heimat hat Galal nicht. Er hat in vier verschiedenen Ländern gelebt, im Jemen, in Saudi-Arabien, Jordanien und im Libanon. Wirklich zugehörig, zu Hause gefühlt habe er sich nirgendwo. »I was in exile all my life.« Daher habe er keine abgrenzenden Identitätsvorstellungen, auch materiell musste er nie so viel wie andere zurücklassen.

Über sein Gedicht »Vom Krieg« sagt Galal, dass es ihm wichtig war, die dort erwähnte Gewalt nicht geographisch erkennbar zu lokalisieren. Er möchte in einem allgemeineren Sinne über Gewalt schreiben. Auch vermeide er einen zu direkten

Stil, denn Literatur sei für ihn ein Spiel mit Geheimnissen, anders als ein Zeitungsartikel. Ein »zu direkter« Text sei nicht langlebig. Nur das Rätselhafte, das, was weiterweist, könne überdauern.

Die Kugel, die alles durchdringt, wird im ersten Teil des Gedichts leitmotivisch verwendet. Auf die Frage nach der hier expliziten Gewalt erklärt Galal, dass er die derzeitige kriegerische Auseinandersetzung eher als Resultat betrachtet, die Ursache hingegen sei in der vorherrschenden »Moral und Ethik« zu finden. Die Kugel dringt viele Male ein, aber tötet nicht, sie steht in dem Gedicht eher für ein schleichendes Gift von Verfall und Betrug, das sich letztendlich zum Krieg summiert. Die bemerkenswerte Zeile »Bereitschaft der Beute, sich zu opfern« erklärt Galal mit dem Hinweis auf das sogenannte Stockholm-Syndrom: auf die Neigung der Opfer, sich mit den Tätern zu alliieren und zu identifizieren. Schließlich der Scharfschütze, der nach dem Morden ungerührt zur Familie zurückkehrt, vielleicht sogar gute Gedichte schreibt. Aber, so Galal, er habe in Bezug auf diesen Mann den Ausdruck »kopulieren« verwendet, um ihn letztendlich doch als Biest, als Monster zu beschreiben. Ein Monster, das immer fortfahren wird.

Tammam Azzam / Syrian Olympic,
Fotomontage (2014)

Galal Alahmadi

Vom Krieg

1
Die Kugel dringt ein
durch
den Ansatz der Seele
den Blick
ein Fenster, geschaffen zu diesem Zweck
dringt ein
durch
das Buch eines anonymen Schriftstellers
dilettantisches Erzählen
Fantasielosigkeit.
Die Kugel dringt
in den Rücken
den Wirbel
da, wo sie halbseitig lähmt.
Die Kugel dringt ein
zwischen die Schenkel
wie Spermien
wie die Pfähle der Herrscher
wie die Zeit in sich selbst.
Die Kugel dringt ein
durch
das Vergangene
das Künftige, millionenfach benutzt
und beschmutzt von Predigern und Politikern
dringt ein
durch
überwachte Telefonleitungen
Abwasserrohre
marode Stromkabel.
Die Kugel dringt

in den Monitor
wie Pornos
ins Zimmer von Jugendlichen
wie Tristesse
ins Gemüt
wie ein Baum
in den Ofen.
Die Kugel dringt
ins Gedächtnis
den Ursprung des Gedankens
die Bereitschaft der Beute, sich zu opfern,
die Peitsche des ersten Folterers
die Geschichte der Sklaverei in korrigierter Ausgabe
in einen unbekannten Anfang
ein ungewisses Ende.
Die Kugel dringt ein
kostenlos
wie eine Kugel
und tritt nicht mehr aus.

2
Wenn der Krieg zu Ende ist,
kehrt der Scharfschütze heim zu seinen Kindern
und brät Fisch für seine Frau
er schläft und wacht auf
wieder und wieder
ganze Monate
sogar Jahre
wäscht sich das Gesicht
geht zur Arbeit
trifft Kameraden aus dem Krieg
sie rauchen
erzählen sich Witze
gehen ins Bett
kopulieren
sie schreiben gute Gedichte oder auch nicht.

Wenn der Krieg zu Ende ist
kehrt er zurück
lebt viele Jahre
raucht
kopuliert
kopuliert
raucht
bis wir tot sind.

Aus dem Arabischen von Leila Chammaa

Galal Alahmadi
Zu Hause

1
Ich sitze jetzt einsam
am runden Tisch
ich sitze rund
um mich selbst herum
gleiche jetzt einem Tisch, an dem niemand sitzt
sitze jetzt
irgendwie
rieche nach Tabak
und Verlust.
Mein Herz ist ein Schrank voll mit Kleiderbügeln
und Beziehungen wie Andenken
mein Kopf ist eine rostige Sardinenbüchse
wenn der Wind ihn bewegt
höre ich das Miauen eines verirrten Katers
wenn Kinder mit Steinen nach mir werfen
rollt er zur Mülltonne
wenn ich nach der Zeit frage
werde ich dem Nichts geöffnet
wenn ich frage
werde ich leicht wie nichts.
Rechts von mir Wind
links von mir Wind
Wind holt mich ab
Wind setzt mich ab.
Je höher ich dem Boden des Gedankens entschwebe
desto mehr sehne ich mich nach dem Fall
auf die scharfe Wirklichkeit.
Ich bin ein Stein, der ans Fliegen denkt
sitze wie ein alter Gott auf der Schwelle meiner Trübsal
und denke nach

überlege, ein neues Gedicht zu schreiben
über eine Frau, die ich nicht kenne
überlege, ein Bild zu malen
von einer Frau, die nicht kommt
überlege, wie ich sie zu einer Tasse Tee einlade
ich denke an den langen Weg, der zur Tür meines Hauses führt
denke an den langen Weg, der zu meinem Haus führt
denke an den langen Weg zu meinem Haus
denke an den Weg zu meinem Haus
denke an mein Haus
dann denke ich darüber nach
einen Griff für die Tür zu kaufen
und eine Tür für die Wand
und eine Wand für uns
aber jetzt habe ich Hunger
und will das alles beenden
dann will ich alleine weinen
und schlafen.

2

Ein Lastwagen, beladen mit Leichen
kreist immerzu in meinem Kopf
überrollt auf der Fahrt die Geister derer
die ich einmal geliebt habe
und reißt ihre Überreste mit.
Schwarz und feucht dampft es hinten heraus
ohne Ende
ohne Namen, ohne Gedanken
ohne Stimme, nur ein chronischer Lärm
und der Geruch von verendeten Erinnerungen.
Schließe ich die Augen, dann schrumpft sein Dasein
auf eine Träne zusammen.
Er fährt los, geht in die Kneipe
betrinkt sich
schüttelt jedem die Hand

küsst alle
beschimpft sie
und kommt zurück
bevor ich aufwache.
Ein Lastwagen, betrunken
und traurig
schlingert durch die Dunkelheit in meinem Schädel
kriecht vorwärts ohne Räder
ohne echten Körper
sucht auf schmalen, rutschigen Wegen
nach dem Ende
oder nach einem flüchtigen Gedanken.
Ein Lastwagen, betrunken
und wütend
zum Bersten voll mit Leichen
kreist
und kreist
seit der Zeit vor den Göttern
seit der Zeit vor der Zeit
für nichts
für niemanden
einfach nur,
weil er ein Lastwagen ist
weil es einen Kopf gibt
weil er etwas tun muss.

3
Ein abgetrennter Kopf in meinem Kühlschrank.
Ich weiß nicht, was er an so einem kalten Ort macht.
Das heißt, jemand hatte gestern
im Schlaf keine Alpträume.
Ich kann mit dem Ding auf der Schulter
durch die Straßen gehen
und mit allen sprechen
ohne dass jemand etwas bemerkt.

Yaser Safi / Ohne Titel,
Radierung, 50 × 30 cm (2016)

Bemerkt, dass die Wörter nicht an der richtigen Stelle
herauskommen.
Ich kann das Ganze doch einfach ignorieren
und in mein Leben zurückkehren
heiraten
und Kinder in die Welt setzen
alt werden
dann sterben.
Meine Kinder erben den Kühlschrank
eines nach dem anderen macht ihn auf
nimmt das Ding
geht durch die Straßen
spricht mit allen
ohne dass uns jemand bemerkt.

4
Ich wache auf
ein Baum liegt neben mir.
Es ist wohl der Durst
der uns hierher verschlagen hat, denke ich.
Ich gehe in die Küche
ein Bär sitzt am Tisch.
Ich muss wohl viele Türen
offen gelassen haben
in meinem Leben.
Ich ignoriere ihn einfach ein paar Jahre, sage ich mir
dann verschwindet er schon
oder
er wird zu Luft.
Ich drehe den Wasserhahn auf
heraus kommt ein Fisch
ein zweiter
ein dritter
vielleicht ist ein tollwütiger Jäger
hinter ihnen her
ich überlege

wenn ich ihnen eine Heimat gebe,
leben sie vielleicht einen Tag länger.
Ich stöpsele den Abfluss zu
und trinke zusammen mit
den Fischen
dem Bären
dem Baum
dann gehe ich hinaus ins Freie
und heule.

Aus dem Arabischen von Leila Chammaa

*Yara Said / Horsemen II,
Anfertigung zum Text, Aquarell (2017)*

Galal Alahmadi

Weniger Hass

Mit deutlich weniger Hass
begegneten uns Bären, Haie und Krokodile.
Mit weniger Hass holten wir den Wald aus dem Nichts,
schärften die Säbel,
erfanden Gewehre,
geladen und mit dem Bajonett am Lauf.
Wir zogen in sinnlose Kriege.
Kämpften wie Heuschrecken.
Wie Fledermäuse am helllichten Tag.
Wie die Pest – die wahrhaftige Pest.
Wir töteten und wurden getötet.
Am Schluss wussten wir nicht einmal mehr,
was wir wollten.
Mit weniger als alledem
verfolgten wir die Indianer.
Machten aus ihnen,
je nach Laune, wilde Wesen,
Menschenfresser und Blutsauger.
Wir häuteten sie,
rissen sie aus ihren Träumen,
aus ihrem freudigen Gelächter,
dem Tabak,
ihren innigen Gesängen,
vertrieben sie für immer aus dieser Welt
und hängten ihre Köpfe über unsere Tore.
Wir taten all dieses und vieles mehr.
Mit weniger Hass
gingen wir hinein in die Dunkelheit.
Schutzlose ließen wir zurück.
Ausgestreckte Hände
wiesen wir reumütig ab.

Verwundete, flehende Hände –
unter den Nägeln der Verlust.
Wir rannten auf die Straßen,
in Moscheen, Synagogen, Kirchen und Tempel,
zu Wahrsagerinnen,
blätterten suchend in den Büchern,
marschierten eins, zwei, drei zu Prostituierten,
fügten einander auch leise Leid zu,
stürzten einander in Abgrund und Leere,
tauschten unsere falschen Siege aus
und nahmen sie mit ins Bett.
Wir versteckten sie in den Bäuchen unserer Kinder
und weinten.
Aber mit deutlich weniger Hass.

*Aus dem Arabischen von Mustafa Al-Slaiman,
nachgedichtet von Tanja Dückers*

Yamen Hussein UND
Lena Gorelik

Yamen Hussein und Lena Gorelik – ihre Texte
sind wütend und zärtlich, geschichtsbewusst und
zukunftsoffen und handeln immer auch vom
Begehren in schwierigen Zeiten.

Lena Gorelik

Landkarte der Gefühle

Als Yamen von München nach Leipzig zieht, hinterlässt er mir diesen Gedanken, dieses andere München. Das andere München geht so: Es ist eine Landkarte der Gefühle. Eine Stadt, die nicht aus Stadtteilen besteht, nicht aus Flüssen und Brücken, die diese kreuzen, großen Straßen, Autobahnzubringern und Gassen, Fahrradwegen und Parks. Sondern diese eigene Landkarte im Kopf: Dort bin ich viel spazieren gegangen, als ich den schlimmen Liebeskummer hatte; auf diesem Platz habe ich mal ganz plötzlich geweint, einer jener Momente, in denen man nicht weiß, warum, aber auch keine Antwort auf diese Frage braucht. In dieser Straße ist der Hauseingang, in dem meine Freundin und ich eines Abends mit Wein von der Tankstelle saßen, ewig, wir wickelten uns in eine Decke aus ihrem Kofferraum ein, dieser Abend, an dem so vieles begann; und das ist der kleine Grünstreifen, auf dem ich mich im Studium so oft unter einen Baum zum Lesen legte und über den Texten dann einschlief. Ich verlasse das Café, in dem Yamen und ich uns das letzte Mal treffen, bevor er diese Stadt, die er liebt und in der ich lebe, ohne große Gefühle zu hegen, verlässt, beinahe verwundert: Als wäre die Stadt plötzlich eine andere, eine mit mehr Sinn.

Als Yamen von München nach Leipzig zieht, tut er das, so erzählt er mir, unsicheren Schrittes: Er weiß nicht so genau, was da ist, in Leipzig, wo er kaum Leute kennt; und dass er München lieben gelernt hat, obwohl er das nicht unbedingt wollte; die erste Stadt ohne Angst nach seiner Flucht. Er packt Koffer, und er stellt fest, dass sich mehr angesammelt hat an Besitztümern, als er geahnt hatte. Das erzählt er mir in dieser ruhigen Art, in der er auch die anderen Dinge erzählt, die man unter Traurigkeit einordnen würde, Sehnsucht, Verlust, aber die Wörter sind groß und passen deshalb nicht zu den mit dieser Ruhe erzählten Geschichten. Als Yamen nach München kam – nach dieser langen Reise, die in Syrien begann und vorerst in Leipzig endet, die nur in Yamens eigene Worte, diese vorsichtig gewählten, zu fassen ist, nicht in meine –, war er zu müde oder zu weit gereist, um München lieben lernen zu wollen. Aber die Sache mit der Liebe ist die: Man entscheidet sich nicht dafür.

Als Yamen Syrien verließ, weil er verfolgt wurde als jemand, der politisch und ehrlich und angstfrei schrieb, als er die Tür seines Elternhauses schloss, war sein Vater nicht da. Das war kein Zufall, dass sein Vater nicht da war, an jenem Tag, von dem ich zu fragen vergesse, ob es ein Dienstag war, ob die Sonne schien, ob er sich an die Uhrzeit erinnert. Es war seinem Vater zu viel, dieser große Abschied, das Auf Wiedersehen, in dem vielleicht kein Wiedersehen steckt. Seine Mutter ließ die Tür offen stehen, als er ging, für die Hoffnung ließ sie die Tür offen stehen, die, ihren Sohn in ein paar Wochen, Monaten wiedersehen zu können, vielleicht. Das lässt sich nicht gut vorstellen, in einem Café in München, alles zu schön wie immer, wie das wäre, wenn zum Beispiel mein Sohn eines Tages so geht. Yamen erzählt, und ich weiß, es macht keinen Sinn, sich das vorzustellen, ein Gefühl, das nicht zu fassen ist und nicht zu denken.

Yamen erzählt, und ich sage nichts, vielleicht werfe ich manchmal Worte ein, die ihm nicht einfallen wollen, weil die deutsche Sprache manchmal so ist, launisch, zurückhaltend und störrisch, bis mir fast so ist, als würde ich sie kennen, seine Mutter und seinen Vater, aber ich kenne sie natürlich nicht. So schreibt Yamen auch, es geht einem beim Lesen so, als würde man seine Gefühle kennen, aber man kennt sie natürlich nicht. Also schreibe ich aus den Gedichten ein paar Zeilen in mein Notizbuch ab, ich nehme sie mit, seine Gedanken. Es ist schwierig, über Lyrik zu sprechen, für jemanden, der nur Prosa schreibt wie ich, für jemanden, der sich an Lyrik nie herantrauen würde, für den Lyrik wie der Horizont ist: Man darf ihn ansehen, aber man erreicht ihn nie. Es ist vielleicht auch schwierig für Yamen, über Lyrik zu sprechen, ich weiß es nicht, weil es immer nicht einfach ist, über eigene Texte – und damit Gedanken, Gefühle, sich selbst – zu sprechen, und weil die Sprache, in der er seine Gedichte schreibt, nicht dieselbe ist, in der er mit mir über sie spricht.

»Wie geht es dir?«, will Yamen von mir wissen, wenn wir uns treffen, er stellt die deutscheste aller deutschen Fragen, die, auf die es nur eine Antwort gibt, gut, aber Yamen meint es nicht so. Yamen will wissen, wie es mir geht, also erzähle ich ihm, von meinem Vater, weil er mir von seinem erzählt hat, und vom Schreiben und wie es manchmal kein Schreiben gibt. »Ah«, sagt Yamen dann, und er gibt der Denkpause Zeit, bevor er eine Antwort gibt; so ist es mehr als eine Antwort. Die Denkpause finde ich beim Lesen in seinen Gedichten wieder, und wenn ich sie nicht wiederfinde, dann frage ich, ob es an der Übersetzung liegt.

Als Yamen von München nach Leipzig zieht, er fährt mit dem Zug, erzählt er mir, er wird sich mit Freunden eine kleine Wohnung teilen und sonst weiß er nicht viel, erzählt er mir von seiner Liebe zu München, dieser besonderen, ungeplanten Liebe. Er will sich von München verabschieden, solange es sein München ist, erzählt er mir am Tag, an dem es noch zwei weitere Tage bis zu seiner Abreise sind. Er wird bald wiederkommen, aber er ist sich jetzt schon seines Selbst beim Wiederkommen bewusst: Er wird dann ein Besucher sein, ein Gast. Er will sich von seinem München verabschieden, sagt er und dann erzählt er vom Stadtplan seiner Gefühle: wo er traurig war und wo glücklich. Die Straßenzüge, die für ihn eine Bedeutung haben und vielleicht sonst für niemanden in der Stadt. Ecken mit besonderen Momenten, an denen die Erinnerung festgewachsen ist. Wir sitzen in einem Café, das in den Englischen Garten hinausgeht, als er mir das erzählt, und als ich hinaustrete, da muss ich an diesen einen Sommertag denken, an dem ich mit jemandem unter einem Baum saß, einem Baum, den ich von hier aus sehen kann. Wir waren dabei, die Bedeutung füreinander zu verlieren in jenem

Sommer, und der Nachmittag, an dem wir unter diesem Baum saßen, war ein bisschen ein Zeichen dafür, ich maß dem Nachmittag keine Bedeutung bei. Das ist der erste Punkt, den ich in meine Landkarte der Gefühle einzeichne, dieses neue München in meinem Kopf, und ich drehe mich um, um mich bei Yamen für diesen Gedanken, für diesen berührenden neuen Blick zu bedanken, aber ich sehe ihn nicht, er ist bereits um die Ecke gebogen.

*Ammar Al-Beik / Basic Instinct, aus der Serie »Lost Images«,
Archivprint auf Baumwollpapier, Edition 1/7 (2008)*

Yamen Hussein

Der Fluch des Gedächtnisses und die Schatten der Hubschrauber

1. Flucht aus dem Erbe

In den Dörfern der Ebenen von Homs und Hama waren die Dreschplätze und Weinberge nicht eingezäunt. Sie glichen Steppen, die sich mit den Jahreszeiten unterschiedlich färbten. An den tiefer liegenden Hügeln lag felsiger Schutt und manchmal thronte dort auch ein wilder Feigenbaum wie das Tor zu einem offenen Land.

Wie so oft fällt dein Blick auf große und kleine Kieselsteine zwischen den Weinstöcken. Manchmal markieren diese Steine die Grenze der Dreschplätze, einen kranken Baum oder ein kleines Vogelnest; manchmal deuten sie aber auch auf Geheimnisse hin.

Mein Großvater väterlicherseits war vom Tod besessen. Er schaufelte sich direkt an seinem Weinberg ein Grab. Er schlug es in den Felsen und legte sich darauf, damit er seine Größe abschätzen konnte. Das tat er täglich, bis es der Länge und der Breite nach passte. Er wollte damit nicht etwa seinen Tod, sondern sein Überleben in den osmanischen Kriegen ehren, die ihn im letzten Jahrhundert in den Jemen verschlagen hatten.

Damals war es ihm erst nach sieben Jahren gelungen, zu desertieren und in sein Dorf zurückzukehren. Seine Familie hatte in all diesen Jahren, in denen er im Krieg und auf der Flucht war, keine Nachricht von ihm erhalten. Seine Kinder dachten, er wäre schon lange gestorben.

Bevor er in den Krieg ziehen musste, wollte er nach Amerika auswandern. Er hatte sich mit einem Freund zum Hafen von Tripolis aufgemacht, in der Hoffnung, ein Schiff zu erwischen, das ihn nach Amerika mitnahm. Aber er hatte kein

Glück. Er wurde festgenommen und in den Krieg geschickt. Die osmanische Armee beendete seinen Traum von Amerika.

Die letzten zehn Jahre seines Lebens verbrachte er in einem Dorf östlich von Homs. Er war kurzsichtig und arm. Er starb, bevor meine Geschwister und ich geboren waren. Sein Vermögen war ein Grab neben seinem Weinberg, perfekt in einen großen Felsen gehauen.

Von ihm existiert nur ein Bild in einem Messingrahmen, das in unserem Wohnzimmer hängt. Jedes Jahr beim Frühjahrsputz hängen wir das Bild ab. Sein einfacher Schnurrbart und seine bäuerliche Kleidung bekommen dadurch ihren Glanz zurück. Dann platzieren wir das Bild wieder ganz oben in der Mitte der Wand und vergessen ihn für ein Jahr.

Sein Grab ragt heute in einem Wein- und Mandelgarten, dessen Pflanzen wenige Früchte tragen, wie eine Vogelscheuche empor. Es liegt genau in der Mitte zwischen dem Dorf und den fernen Weiden.

Manchmal wird das Grab von Wanderern als Esstisch benutzt, um eine Pause einzulegen. Manchmal stellen Arbeiter im Garten ihre Wasserbehälter in seinen Schatten, um sie zu kühlen. Als ob der Tod, wenn er altert, vertrauenswürdiger wird.

Ich habe die Flucht von meinem Großvater geerbt. Ich glaube, ich beherrsche sie gut. Er flüchtete nach Syrien, ich aus Syrien. In jedem neuen Land lege ich meine Kieselsteine mitten auf die Straße und auf jeden Dreschplatz. Alle Städte der Welt sind meine Grenzen. Ich wünsche mir keinen Tod, der mich tröstet. Damit habe ich nichts zu tun.

Ich möchte wie er meine Rettung ehren und eine angemessene Beileidsbekundung für den Tod meines Landes abgeben.

2. Der Fluch des Hubschrauberschattens

In meiner Kindheit waren die offiziellen Baath-Partei-Feste eine Gelegenheit, einen Tag schulfrei zu bekommen und die Schuluniform loszuwerden.

An diesen staatlichen Feiertagen kreuzten Hubschrauber über uns und warfen bunte Flugblätter des Despoten ab. Wir standen in den Gassen und an den Nebenstraßen und beobachteten die Schatten der Hubschrauber. Wir rannten hinter den Zettelbündeln her, die aus den Bäuchen der am Himmel in der Mittagssonne glänzenden Hubschrauber zu uns herunterflatterten.

Lauter leuchtende Farben wurden über uns abgeworfen. In kindlicher Vorfreude wussten wir, wo ungefähr die himmlischen Briefe heruntersegeln würden, und rannten dorthin. So wie die Ratten dem Flötenspieler folgten und im Wasser ertranken, folgten unsere jungen Körper dem Lärm der Hubschrauber. Waren sie verschwunden, schlenderten wir zwischen den Abgasen der Autos entlang von Gasse zu Gasse und sprangen über Pfützen, um noch mehr Zettel zu ergattern. Immer hofften wir, einige der buntesten zu bekommen als Ersatz für unser graues Gedächtnis, das von den wenigen schwarzweißen Bildern in unseren Schulbüchern gespeist war.

Manchmal gab es Streit über die Zettel, die wie Akrobaten in der Luft schwebten. Ich erinnere mich, dass ich am Jahrestag des Baath-Putsches sieben Stück gesammelt hatte. Ich hatte den Kampf mit einem Verwandten um einen achten verloren. Er war blau und rosarot. Und der einzige Zettel, der zweifarbig war. Ich wünschte mir diesen Zettel so sehr. Ihn zu fangen wäre ein großartiger Sieg gewesen.

Tatsächlich haben wir nicht alles, worum es auf diesen Flugblättern ging, verstanden. Der Text hat uns gar nicht interessiert. Die Farbe und die Anzahl waren viel wichtiger.

Es dauerte fünfzehn Jahre, um ihre Botschaften begreifen zu können; um zu verstehen, dass wir, ohne darüber nachzudenken, den Tod mit unseren Händen aufgefangen hatten; und zu erfahren, dass die Schlammpfützen, über die wir als Kinder sprangen, zu Blut wurden.

Heute müssen wir in die entgegengesetzte Richtung laufen als früher, als wir den Hubschraubern hinterherliefen. Wir müssen auch erkennen, dass diejenigen, die den Fluch der Hubschrauberschatten nicht erlebt hatten, die Sieger waren, ebenso wie später diejenigen gesiegt hatten, die die Körperteile und Leichen ihrer Familienmitglieder aufgelesen hatten.

3. Clipper-Feuerzeug

An den Fenstern der Lehmhäuser dösten sie träumend. Nach dem Sonnuntergang, wenn das Licht zu schimmern begann, zündeten sie für einen Moment ihre Clipper-Feuerzeuge an und schnappten sie dann schnell wieder zu, als Gruß und Zeichen wie Briefe aus Licht und Schatten. Der Abend im Dorf verwandelte sich in ein Festspiel von Lichtertänzen unter einem klaren Mond.

Nur die Mutigsten ließen einen Platz unter der Decke frei für einen Gast, der vorsichtig über die Dächer und Schlammpfützen lief, damit er die Tauben nicht aufschreckte und die Eltern weckte. Heimlich krabbelten die beiden Körper unter die Decke und verwandelten sich in ein leises Stöhnen der Lust.

4. Sinnlos

Vergeblich versuchst du, ihnen zu entkommen.

Das Land und das Gedächtnis haften an dir
wie der Kern
an der Pflaume.

Aus dem Arabischen von Suleman Taufiq

Luna Al-Mousli / Ohne Titel,
Anfertigung zum Text, Illustration, Mixed Media (2018)

Yamen Hussein

Wäscheleine

Vom Duft umhüllt reihen wir uns auf der Leine auf,
dem Alter nach wie eine Familie.
Wenn der Wind aus Homs weht,
bilden wir Schulter an Schulter einen Halbkreis,
um auf der Wäscheleine zu tanzen.
Im Freudenrausch
befreien sich unsere Schultern von den
Wäscheklammern.
Einige von uns fliegen davon, um mit dem
Nachbarsmädchen zu flirten,
andere umarmen den Zitronenbaum im Garten
des Viertels.
Ich erinnere mich immer auch noch daran,
wie meine Mutter an die Türen der Nachbarn klopfte
auf der Suche nach den Socken meines Vaters
und dem Schal meiner Schwester
und auch nach unseren Tagen,
die der Wind von Homs zerstreut hat.

Aus dem Arabischen von Suleman Taufiq

Ali Al-Kurdi UND
Martin Kordić

Ali Al-Kurdi und Martin Kordić trennt so
viel, wie sie vereint: eine Generation, die Kriege in
ihren Herkunftsländern und das unterschiedliche
Herangehen an ihren Stoff: Ali Al-Kurdi konkret
und dokumentarisch, Martin Kordić schwebend
und poetisch.

Martin Kordić

Was vor uns liegt

Wir sind zu dritt. Wir kennen uns nicht. Ali Al-Kurdi sitzt irgendwo in Weimar, Dima al-Bitar Kalaji sitzt irgendwo in Berlin, ich sitze irgendwo in München. Zieht man auf einer Deutschlandkarte eine Linie zwischen uns, sieht sie aus wie eine leicht schief genähte Narbe, die sich über das Land legt. Alle drei gucken wir in unseren Städten, in unseren Wohnungen, an unseren Schreibtischen sitzend in unsere Laptops, wir skypen miteinander. Bei jedem von uns scheint Licht durch das Fenster, bei jedem von uns ist es zwölf Uhr am Mittag. Um gemeinsam ein Gespräch führen zu können, müssen wir zusammenarbeiten. Dima redet mit Ali, Dima redet mit mir, ich rede mit Dima, Dima redet mit Ali, Ali redet mit Dima, Dima redet mit mir, ich rede mit Dima, Dima redet mit Ali. Was uns verbindet, ist das Schreiben. In unterschiedlichen Sprachen reden wir über uns, was uns ausmacht, wer wir sind. Viel mehr als über die Vergangenheit reden wir über die Zukunft. Über das, was wir schreiben wollen, über das, was wir vorhaben. Wir knüpfen eine Verbindung zwischen Berlin und Weimar und München, zwischen Jahren und Jahrgängen, zwischen Welten und Geschichten. Wir haben uns etwas zu erzählen. Was uns verbindet, liegt vor uns.

Ali Al-Kurdi

Mein Vater ist ein Foto mit Rahmen

Ich wuchs allein mit meiner Mutter auf. Lange begriff ich nicht, warum sie darauf bestand, dass ich jeden Morgen, wenn sie mich weckte, »Guten Morgen, Vater« sagte. Dabei deutete sie auf ein Schwarzweißfoto, das meinem Bett gegenüber an der Wand hing. Es zeigte einen Mann mit dickem Schnurrbart. Wenn ich den Gruß wie ein Papagei wiederholt hatte, huschte ein strahlendes Lächeln über ihr Gesicht. Sie nahm mich auf den Arm und überschüttete mich mit ihren warmen Küssen. Ich liebte ihren Duft, er machte mich glücklich. Noch nach fünfunddreißig Jahren entzückt mich die Erinnerung an den Duft meiner Mutter. An sie, die es so schwer hatte und ein Leben voller Leid und Warten ertrug.

Meine Mutter schien immer in Eile zu sein. Nach dem Waschen zog sie mich an und bereitete schnell das Frühstück zu. Danach machte sie sich fertig und stopfte meine Spielsachen in ihre Tasche. Dann nahm sie mich bei der Hand, und wir hasteten die Treppe hinunter zur Straße, um den Bus zu erwischen, der zu ihrer Arbeit fuhr. Ich wurde in den Betriebskindergarten gebracht. Die Kindergärtnerin bekam meine Sachen überreicht, und meine Mutter wechselte mit ihr ein paar Worte, die ich nicht verstand. Doch ich ahnte, dass sie etwas mit mir zu tun hatten. Dann ging sie. Meine Augen blieben an der Tür haften, bis die Kindergärtnerin nach mir rief und mich aufforderte, mit den anderen Kindern zu spielen. Jeden Tag wiederholte sich das, im Sommer und im Winter, nur an Feiertagen war es anders, da ließ mich meine Mutter lange schlafen. Aber sie vergaß nie, mich beim Aufstehen zu bitten, das Bild meines Vaters zu begrüßen.

So wuchs ich auf. Mein Vater war ein Foto an der Wand. Erst später begriff ich, dass dieser Foto-Mann im Gefängnis saß. Er saß dort, nicht weil er ein Räuber gewesen wäre, sondern weil seine Ansichten dem Regime nicht gefallen hatten. Ich konnte stolz auf ihn sein, denn er und seine wenigen Freunde hatten Mut bewiesen. In der Zeit des Schweigens und des Sichduckens hatten sie geredet. Doch Oppositionelle wurden damals einfach als »Vaterlandsverräter« bezeichnet und für Jahre hinter Gitter gebracht. Niemand wagte, nach ihnen zu fragen oder gar die Freilassung zu fordern. Auch nach meinem Vater fragte keiner.

Als ich meine Schulbücher und Hefte zum ersten Mal in die Hand nahm, begegnete mir ein weiteres Bild von einem Mann. Es war rätselhaft und unheimlich und der Mann mürrisch. Er trug einen enganliegenden Anzug. Die ganze Schulzeit begleitete mich dieses Bild. Überall begegnete mir dieser finstere Blick: am Schultor, im Klassenzimmer oder im Büro des Schuldirektors. Warum ich diesen Mann nicht mochte, wusste ich nicht. Doch ich hatte das Gefühl, dass er mich beobachtete, selbst beim Schreiben meiner Hausaufgaben.

Es sei das Bild »des Führervaters«, erklärte man mir. Dabei sah er ganz anders aus als mein Vater mit seinem zärtlichen Blick. Seinetwegen hätte mich meine Mutter sicher nie mit Küssen überschüttet. Stattdessen schwieg sie, wenn sie sein Bild auf meinen Schulheften ansah. Meine kindliche Intuition sagte mir, dass ich keine Fragen stellen sollte. Als ob die Angst und das Schweigen zwischen uns bereits die Antwort auf meine ungestellte Frage wäre. Ich habe dieses Bild gehasst und auch die Hymne am Morgen, das Skandieren der Losungen und Parolen, die militärische Schuluniform mit ihrer Einheitsfarbe, die mich überall begleitete. Eine Farbe, die unseren Geschmack für Farben und unsere Seelen zerstörte und uns in Marionetten verwandelte, die leere Worte wiederholten, die nichts mit irgendeiner Farbe ihrer Gefühle zu tun hatten, nur mit der Farbe der Angst.

Jahre später lernte ich ein zweites Gesicht meines Vaters kennen. Es gehörte einem Mann mit breiten Schultern und zeigte ein bezauberndes Lächeln. Der Mann war blass und stand hinter einem schwarzen Metallgitter. Meine Mutter und ich standen ihm gegenüber hinter einem zweiten Gitter. Ich erinnere mich, wie er einmal seine Hand zwischen den Gittern hinausstreckte. Auch ich streckte meine kleine Hand aus, bis unsere Finger sich berührten. Ich spürte eine Wärme in meinem Körper, die mich glückselig machte, und ein heimliches Gefühl des Sieges. Ich verstand nicht, warum meine Mutter Tränen in den Augen hatte und das Gesicht meines Vaters rot wurde. Verwirrt wandte ich mich ab und flüchtete ins Schweigen.

Achtzehn Jahre lang lebte ich mit meiner Mutter allein. Ich war zu ihrem kleinen Mann geworden, ohne ihren Sorgen und ihrer Trauer gewachsen zu sein. Ihre Anspannung wuchs jedes Mal, wenn sich der Termin für den Besuch im Gefängnis näherte. Sie versank dann in den Einzelheiten der Vorbereitung. Sie rechnete ihr Haushaltsgeld ab und versuchte, hier und da zu sparen, um etwas für den Besuch kaufen zu können. Allmählich bemerkte ich auch die schwere Last, die auf meinem Vater lag. Wie oft hatte er sie gefragt: »Wie kommst du zurecht?« Und jedes Mal beruhigte sie ihn: »Uns geht es gut. Mach dir keine Sorgen.« Mit der Zeit sah ich, wie meine Mutter langsam verblühte und blass wurde. Sie war früh gealtert. Als mein Vater nach achtzehn Jahren aus dem Gefängnis entlassen wurde, hatte ich gerade mit dem Studium angefangen. Die Welt war nicht groß genug für die Freude und das Glück meiner Mutter, nach all den Jahren des quälenden Wartens.

Doch ich freute mich nicht und meine Gefühlskälte überraschte mich. Ich fand keinen logischen Grund für meine Distanziertheit und fragte mich ständig, was mit mir los ist. War es die Enttäuschung über die Begegnung mit meinem Vater? Ich hatte gehofft, dass es zwischen uns wärmer und inniger würde, doch er beschäftigte sich nur wenig mit mir. Stattdessen redete er viel mit seinen Geschwistern und Freunden über ihre gemeinsamen Erinnerungen. Sie lachten und amüsierten sich. Ich stand am Rand. Meine Mutter war im Mittelpunkt des Geschehens, glücklich und heiter. Sie be-

Hala Namer, Studio Yalla / Ohne Titel,
Anfertigung zum Text, Fotomontage, Mixed Media (2017)

grüßte und verabschiedete die Besucher und bewegte sich unter den Gratulanten wie eine fleißige Biene. Ich half ihr schweigend, aber in meinem Kopf tummelten sich die Fragen zu dieser unklaren, seltsamen Beziehung zu meinem Vater; wie würde es in Zukunft sein?

Ich versuchte mich von der negativen Energie zu befreien, aber sie kam immer wieder. Das schlechte Gewissen würde mich von nun an wie ein Schatten verfolgen.

Aus dem Arabischen von Suleman Taufiq

Mariam Meetra UND
Antje Rávic Strubel

Mariam Meetra und Antje Rávic Strubel gehen
miteinander spazieren und tasten sich an Erinnerungen verlorener Gesellschaften und Leben heran.

Antje Rávic Strubel

Schnee von gestern

Vom Messetrubel haben wir nicht allzu viel mitbekommen. Dazu reichte die Zeit nicht. Dazu lag zu viel Schnee. Nach einem Abstecher zu den Ständen des Hanser Verlags und der S. Fischer Verlage in Halle 4 – Mariam mit einem leuchtenden Tuch, auf dem in Persisch von der Kraft der Liebe die Rede war, was Anlass bot, über die Nähe des Persischen zum Arabischen nachzudenken, zwei Sprachen, die einander offenbar so ähneln wie das Deutsche dem Niederländischen, was mir neu war und vielleicht auch nur halb stimmt, denn wir sprachen darüber auf Englisch und Deutsch und eine Erkältung hatte mein Gehör wie in Watte gepackt – mussten wir die Messe schon verlassen, um durch dichtes Schneetreiben in ein unbekanntes Viertel hinter den Eisenbahnschienen zu fahren.

Hinter den Eisenbahnschienen heißt in Leipzig so viel wie »jwd« – janz weit draußen. In diesem Schnee, der die Straßen einpackte, schien das Viertel noch viel weiter von allem entfernt, so entlegen, dass ich mich fremd zu fühlen begann, und wenn ich hier schon fremd war, wie fremd, dachte ich, musste es dann erst für Mariam sein. Im Eckhaus einer menschenleeren Straße befand sich der Veranstaltungsort der ersten gemeinsamen Lesung von Mariam und mir; ein Wahlkampfbüro der Linken, das wie eine Mischung aus Kindertagesstätte und dem Wartezimmer einer Arztpraxis aussah. Wir trafen kurz vor sieben ein und waren die Einzigen inmitten der optimistisch aufgereihten Stühle. Hinter einem roten Plüschvorhang tagte noch der Fotoclub, der kurz vor sieben verschwand, nicht ohne dass jedes Mitglied uns einzeln einen schönen Abend wünschte, angesichts der leeren Stuhlreihen eine Art Beileidsbekundung. Bleiben wollten sie nicht. Während der Schneesturm sie nicht davon abhielt, nach Hause zu eilen, schien er jenen Gästen, die, wie wir hörten, gewöhnlich hier die Zuhörer waren und der älteren Generation angehörten, das Ausgehen zu vergraulen. Nur einer kam. Der aber wollte für seine eigene Veranstaltung werben und Flyer auf den Stühlen verteilen, was einer gewissen Komik nicht entbehrte.

Mariam blieb gefasst. Wir begannen zu reden. Es wurde ein ungewöhnlicher Abend, ein halb öffentliches und umso persönlicheres Gespräch über Afghanistan und die DDR und die Ankunft in der Bundesrepublik Deutschland, darüber, was man zurücklässt, wenn man eine Gesellschaft gegen eine andere eintauscht, und wie sich ans Zurückgelassene erinnern lässt, von welchem Standpunkt aus und wie sich diese Standpunkte im Laufe der Zeit verschieben und mit ihnen das Erinnerte, wie der Schnee von gestern immer wieder anders fällt, Spuren sichtbar macht, andere verdeckt, und wie wichtig gerade dieses Flüchtige, Waghalsige, Instabile der Erinnerung fürs Lebendigsein ist. Ohne die Gaukeleien eines tröstlich-trügerischen, unzuverlässigen Gedächtnisses wird das eigene Rückgrat zum Stock, findet jede Bewegung nur noch im beengenden Gehege einer Erinnerungskultur statt.

Und als Mariam ihre Gedichte auf Persisch las, fiel draußen weiter der Schnee.

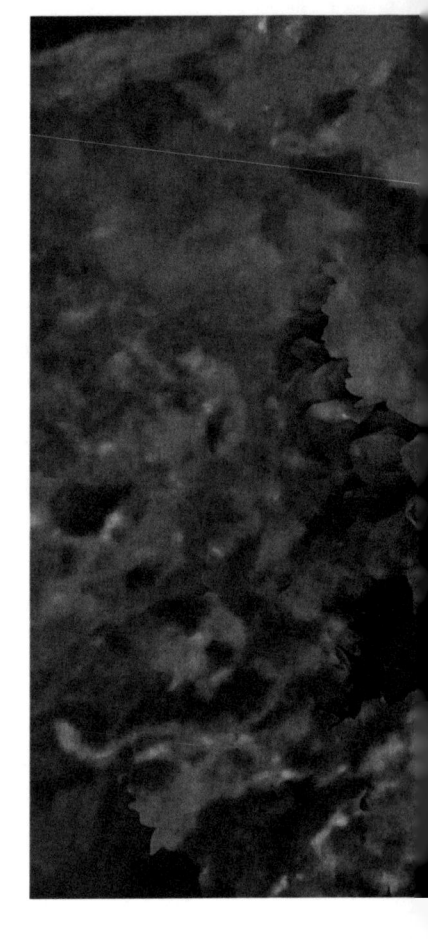

Sama Alshaibi / Together Apart,
Standbild (2017)
Mit freundlicher Genehmigung der Künstlerin und der Ayyam Gallery

Mariam Meetra

Abschiedsbrief

Bevor ich meine Einsamkeit in Koffer packte
und in diese Stadt mitbrachte,
war das Leben nicht eine unbehauste namenlose Frau.
Ohne deine Hände zu schütteln,
ohne diesen Brief auf deinem Tisch
oder zwischen deinen Büchern
verschloss ich mein Zimmer,
jenes ängstliche schlaflose Zimmer,
verschreckt von ständigen Explosionen.
Ich weiß,
zweifelnd bin ich hergekommen,
zweifelnd küsse ich dich,
zweifelnd liebe ich dich.
Einsamkeit kennt keine Grenzen,
um sie in einer anderen Stadt zu lassen;
hier schläft sie jede Nacht neben mir
und lässt mich nicht an dich denken.
Keiner Straße versprach ich zu bleiben,
damit sie nicht meine Rückkehr erwarte.
Diese Stadt ist eine kleine Herberge,
die so viel Einsamkeit nicht erträgt.

Aus dem afghanischen Persisch
von Susanne Baghestani

Rada Akbar / Colorful Life,
Fotografie (2011)

Mariam Meetra

Identität

Straßen, die sich leeren
vom Duft der Menschen, von Lebensfarben,
einer nach dem anderen treten wir ab.
Niemand ruft dort nach mir,
niemand betritt die Straße.
Wir sprechen durch Mauern miteinander,
in einer Stadt, deren Himmel
Kugeln blutig gefärbt haben ...
Deine Stimme habe ich mir gemerkt,
nach jedem Treffer
schreien wir gemeinsam ...
Wo soll ich mich verbergen?
Wo immer das Dach einstürzt, es fällt auf dich herab.
Das Dach dieses Hauses stürzt seit Jahren schon über mir ein,
in allen Himmelsrichtungen ist es zerborsten ...
In mir habe ich ein Haus errichtet
mit meinen Erinnerungen und Träumen,
mein innerstes Haus,
das ich nie verlasse.
Es ist meine Zuflucht,
wenn ich keine Anschrift habe,
wenn niemand meinen Namen kennt.
Ein Haus habe ich in mir errichtet ...
Sie fragen,
woher ich komme? Wo ich geboren wurde?
Sie fragen nicht, wo ich gelitten habe?
Wo ich lachte,
wo ich weinte,
wo ich meine Freunde verlor?
Ich bin mein eigener Ausweis

aus Träumen und Ängsten,
mit denen ich Flüsse, Berge und Flughäfen passierte.
Augen, Erinnerungen, Kummer, Lachen,
meine Liebsten und meine Ängste
sind meine Identität.
Jeder Mensch ist ein Haus in sich,
mit Sprachen, die er spricht,
mit wiedererweckten Erinnerungen.

Aus dem afghanischen Persisch
von Susanne Baghestani

Jeanno Gaussi / aus der Serie »Home Sweet Home Shatana«,
Fotografie (2009)

Mariam Meetra

Erinnere dich an mich

Ich bin gerannt
die ganze schlaflose Straße entlang,
sie führte nicht zu meinem Haus.
Ich schrecke auf aus dem Schlaf,
voll unfertiger Gedichte,
jeden Morgen
in einer anderen Stadt.
Als sei ich durch alle Straßen der Welt gerannt,
abwärts ... auf dieser fremden Straße.

Noch immer fürchte ich
den Ansturm des Windes auf mein Haar,
den Schatten, meinen Begleiter im Sonnenlicht,
den rastlosen Regen auf meinen Schultern.

Der Ort, an dem ich stehe,
gleicht keiner Erinnerung,
keinem Traum,
ich habe ein trübes Gedächtnis,
das meine Träume
vergehen lässt.
Als käme ich vom fernsten Punkt der Erde,
als würden meine Erinnerungen
weitab, unerreichbar
anderswo vergessen.
Das Gedächtnis der Welt wird bedrohlicher,
es ängstigt mich ...

Eine seltsame Vergesslichkeit
hat unsere Welt erfasst.
Erinnre dich an mich,
bevor ich mich in eine traurige unbekannte Frau
verwandle,
eingehüllt in stumme Schichten des Vergessens.
Behalt mich im Gedächtnis!

Eine Traurigkeit
durchzieht all meine Tage,
die mir fremd ist.

Aus dem afghanischen Persisch
von Susanne Baghestani

Samuel Mago UND
Olga Grjasnowa

Samuel Mago und Olga Grjasnowa schreiben Sätze,
die so klar und dabei so humorvoll sind, dass erst ihr
Nachklang verrät, wovon sie eigentlich erzählen:
Davon, wie es ist, einen Standpunkt zu haben
in Zeiten, in denen dieser Standpunkt Leben
kosten kann.

Olga Grjasnowa

Ein ständiger Spagat

Samuel Magos Geschichten haben einen ganz alten Zauber inne – es ist derselbe Zauber, dem man verfällt, sobald man ein Buch von Isaak Babel, Scholem Alejchem oder Jaroslav Hašek aufschlägt. Ich könnte auch sagen: Man geht in einem Bild von Chagall spazieren und möchte gar nicht mehr zurück. So war ich mir sicher, Mago hätte seine Kurzgeschichten auf Jiddisch geschrieben, aber das war natürlich nicht der Fall, obwohl ich es lange nicht wahrhaben wollte. Dermaßen sicher war ich mir, den Autor bereits aus der Bibliothek meiner Eltern zu kennen. Doch Samuel Mago benutzt die Literaturgeschichte als Grundlage für etwas Eigenes. Vielleicht ist Samuel Mago auch das für die Literatur, was Daniel Kahn für Musik darstellt. Mago hat eine ganz eigene Stimme, einen Sound.

Seine Geschichten sind zeitlos, obwohl sie fest in der Gegenwart verankert sind. Sie handeln von Diskriminierung, Korruption, Liebe, Tod und Trauer, alle Themen verschmelzen miteinander, doch sie tun es auf eine sehr geschickte Art und Weise, denn ihr Autor ist weise. Es ist ein ständiger Spagat zwischen Melancholie und Humor, Tradition und Gegenwart. Mago erreicht nur mit wenigen Worten etwas, das dem Heimatministerium wohl niemals gelingen wird – man fühlt sich zu Hause, man meint sich in den Straßen auszukennen, die er beschreibt, selbst in Budapest, wo ich niemals gewesen bin, oder im Ghetto, wo ich niemals gelebt habe, das ich aber aus den Büchern und Familiengeschichten aus dritter und vierter Hand kenne. Ich kenne sie so gut, da sie ebenfalls von Diskriminierung und Korruption erzählen und es mich noch immer schaudert, wenn ich an die Schilderungen von Pogromen aus Isaak Babels »Taubenschlag« denke. In Zeiten wie diesen sind Stimmen wie die Magos so wichtig wie selten zuvor. Mögen sie nur nicht verstummen.

Samuel Mago

die ungegossene

wenn es regnete, roch es hier nach kanal, nicht nach frühling. hier gingen die menschen nicht schlafen, sondern arbeiten. außer die straßenkehrer. die kehrten meist zu früh von der arbeit nach hause zurück, weil sie dachten, der regen würde ihre arbeit machen. wenn sie keine arbeit mehr hatten, schliefen sie im regen. auch sie rochen nie nach frühling, nur nach kanal. zigaretten waren hier billig, wenn nicht sogar kostenlos. sofern man das risiko der tuberkulose in kauf nahm, rauchte man die stummel derer, die nicht schliefen oder es eilig hatten, zur arbeit zu kommen, und ihre zigarette an der bushaltestelle auf die straße geworfen hatten. zu spät kommen wollte hier keiner. dafür waren die jobs, bei denen sie – wie man hier zu sagen pflegte – nur knöpfe verdienten, zu kostbar. so saßen sie reihenweise auf ihren sitzen und starrten wie die schaufensterpuppen aus dem fenster, während die taschen der straßenkehrer sich mit stummeln füllten.

hier schmeckte das leitungswasser nach chlor und arsen, das mineralwasser nach nichts. hier kauften die großmütter auf dem markt diese eine paprika – egal wie teuer sie war –, die der suppe ihren geschmack verlieh. in der nacht hörte man die sirenen durch die dünnen wände der plattenbauten kreischen und die betrunkene frau ihrem betrunkenen mann morddrohungen ins ohr heulen. Auch wenn es nicht regnete, empfahl es sich hier, auf der straße unter einem regenschirm zu gehen, weil die bewohner der oberen stockwerke gerne ihre zigarettenstummel vom balkon fallen ließen, während sie noch brannten. die regenschirme hatten hier wohl deshalb so viele löcher – und so viele besitzer.

die fahne, die neben der nationalflagge auf dem zweiten mast hing, war früher rot mit einem stern in der mitte. heute ist sie blau und aus dem einen stern sind viele geworden. nach außen hin hat sich viel verändert, doch insgeheim wusste jeder, dass fast alles gleich geblieben war. Die menschen, die häuser, die politiker, ihre politik. heute war es wieder erlaubt, über politik zu diskutieren, aber man wollte nicht mehr. es ergab keinen sinn mehr. um die menschen scherte sich hier keiner, und selbst wenn man sich aufregte, besser wurde es dadurch auch nicht. es war egal, ob sie sich kommunisten, bolschewiken, arbeiter, demokraten, nationalisten oder radikale nannten. am ende waren sie alle wie die straßenkehrer. sie kehrten meist zu früh von der arbeit nach hause zurück, weil sie dachten, der regen würde ihre arbeit leisten. nur steckten sie sich statt zigarettenstummeln milliarden in die taschen. dafür mussten sie lediglich die neue blaue fahne auf dem zweiten mast hissen.

hier lag dicht neben den zigarettenstummeln feuchter dreck auf der straße und müll rund um die leeren mistkübel. rund um die kanalgitter staute sich hier das wasser in tiefen lachen, nicht im kanal. auf den verregneten straßen glänzte nichts mehr außer die straßen selbst. das grüne pflaster änderte die farbe, wurde orange, blinkte und wurde wieder rot. und manchmal ging eine ungesund dicke frau samt einem glitzernden leoparden oder tiger vorbei, der in china oder bangladesch mit strasssteinen auf ihr t-shirt gedruckt worden war. sie schleppte sich dann trotz des regens durch die gegend, stets ohne eile. man hatte ihr gesagt, dass sie beim laufen mehr tropfen abbekäme als beim gehen. schließlich musste sie auf ihren hohen blutdruck achten – und ihr herz. ein andermal fuhr ein mann in einem frisch lackierten, funkelnden bmw vorbei, aus dem er laute musik dröhnen ließ, damit die, die schliefen, aufwachten und hörten, was es für ihn bedeutete, reich zu sein. Die ungesund dicke frau schimpfte ihm dann hinterher, weil er durch das stehende wasser gefahren war und sie noch nasser gemacht hatte als die regentropfen. sie brüllte ihm hinterher, als wäre sie zum wilden tier auf ihrem t-shirt geworden. er solle in die genitalien seiner hurenmutter zurückgehen. Die anderen passanten wunderten sich nicht, weil man das hier eben so machte.

im siebten stock eines plattenbaus wohnten die kakerlakenfrau und der mädchenjunge. beide wurden nach ihren mitbewohnern benannt. die eine nach ihrem ungeziefer, die andere nach ihrer freundin, die sie eine entfernte cousine nannte. alle wussten, dass sie das nicht war, aber der mädchenjunge schämte sich dafür, anders zu sein. man durfte hier nämlich einiges nicht. man durfte arm sein, man durfte früher von der arbeit nach hause zurückkehren, man durfte sich beeilen, man durfte zigarettenstummel zu ende rauchen, man durfte betrunken morddrohungen aussprechen, man durfte wieder über politik diskutieren, man durfte sich milliarden einstecken, man durfte fluchen, glitzern und protzen, nur eines durfte man unter keinen umständen: das sein, was andere als anders bezeichneten.

trotzdem waren hier viele anders. anders war man hier, wenn man eine dunklere hautfarbe hatte. für die mit einer dunkleren hautfarbe war man als heller anders. anders war man auch, wenn man an einen anderen, an viele oder an gar keinen gott glaubte. drei an der zahl waren in ordnung, aber auch nur dann, wenn man sie vater, sohn und heiliger geist nannte. man war hier auch dann anders, wenn man nicht gehen, sehen, hören, sprechen, lesen oder schreiben konnte. wenn man geschieden war oder getrennt, wenn man zu viele oder eben zu wenige partner hatte. dann war man natürlich auch anders, wenn man als frau frauen liebte und als mann männer. großmütter, großväter, mütter, väter, tanten, onkel, töchter, söhne, enkelinnen und enkel waren hiervon natürlich ausgenommen. anders waren eben alle anderen. und wer anders war, beurteilten meist die alten frauen, die auf den

Casba Nemes / Ohne Titel,
Anfertigung zum Text, Kohle, Bleistift, Acryl auf Papier (2017)

pawlatschen tratschten, oder die jungen männer, die sich die köpfe rasierten und zwei achter auf den nacken tätowieren ließen. von liebe sprach man hier selten, las man jedoch häufig. obwohl viele nicht wussten, dass die vier buchstaben »love«, die auf ihr t-shirt oder handtuch gestickt waren, in wahrheit genau das bedeuteten. manche lasen das auch auf polstern und werbetafeln von fastfoodketten und dachten, es hieße vielleicht geld – doch was es wirklich hieß, wussten die wenigsten. und wohl noch weniger, was es bedeutete. so schaute man hier telenovelas aus mexiko und der türkei, um das zu erleben, was man liebend gern gelebt hätte.

im siebten stock, gegenüber von der kakerlakenfrau und dem mädchenjungen, hatte eine frau gewohnt, die kein bisschen anders war. zumindest nicht, dass man wüsste. sie hatte ihr leben lang nur einen mann geliebt, eine tochter mit ihm gehabt, seit seinem tod keinen anderen geliebt und auch erst danach angefangen zu arbeiten – als sekretärin im ministerium, wo auch ihr mann gearbeitet hatte. dort blieb sie, bis ihre arbeitszeit zu ende war, und meldete sich nur dann krank, wenn sie im krankenhaus lag. solange sie hier lebte, war auch ihre tochter nicht anders gewesen. anders wurde sie erst, nachdem sie nach deutschland gezogen war. dort liebte sie frauen. braune frauen noch dazu. doch ihre mutter – die frau, die kein bisschen anders war – hatte das kein bisschen gestört. und das hatte sie dann vielleicht doch ein bisschen anders gemacht als die, die es störte. die tochter war vielleicht anders, doch sie kannte die bedeutung der vier buchstaben nicht nur aus rosalinda und süleyman.

als die tochter dieses ostern nach hause zurückkehrte, hatte sie die frau mitgebracht, die sie liebte, um sie der frau vorzustellen, die sie lieben durfte. noch am tag bevor sie ins flugzeug gestiegen waren, hatte sie gefragt, was sie ihr aus deutschland mitbringen solle. Sie hatte nicht damit gerechnet, ihre mutter heute tot neben der waschmaschine vorzufinden. die obduktion ergab, dass sie an einem lungeninfarkt gestorben war, wahrscheinlich abends, während des zähneputzens, der zahnbürste auf dem boden und den brennenden lichtern nach zu urteilen. die tochter wusste nicht, was sie machen sollte. sie blieb kurz starr, dann schrie sie ihre mutter an. minutenlang versuchte sie, sie zu wecken, doch nicht einmal die hupe des mannes aus dem funkelnden bmw hätte das geschafft. selbst die ungeküssten küsse und unausgesprochenen mahnungen der mutter kratzte sie jetzt vergeblich von ihren lippen. Dann hatte die ärztin sie für tot erklärt und die sanitäter sie abtransportiert. ihren geruch hatten sie in der wohnung gelassen. in diesem großen, dunklen kasten, in dem ihre kleider gehangen hatten. hier, wo jetzt ihre tochter hing – an ihren letzten fetzen. dem geruch von geburt, kindheit, strafe, küssen. sie machte sich die kohlsuppe aus dem gefrierfach warm. die letzte kohlsuppe ihrer mutter. die tochter hatte keinen hunger und kohlsuppe schon immer gehasst. wie sehr wollte sie das der mutter jetzt sagen, um sich anhören zu können, dass man sie essen müsse, weil sie gesund und gut sei für die nieren und die haut. die braune frau schlief im hotel. die tochter schlief in der wohnung der mutter, im gang gegenüber von der kakerlakenfrau und dem mädchenjungen. hier, wo die frau gewohnt hatte, als sie noch jemand war, der nicht schlief. die tochter wollte jetzt auch schlafen, konnte aber nicht.

am ostersonntag blieb die tochter der kirche fern. am ostermontag machte sie die tür nicht auf, obwohl viele läuteten und klopften. denn hier gingen die männer und burschen am ostermontag gießen. von haus zu haus, zu jedem, den sie kannten, sagten ein gedicht auf und begossen die frauen und mädchen mit einigen tropfen wasser oder parfum. damit sie nicht verwelkten, so wie ungegossene blumen. die frauen und mädchen blieben zu hause, kochten und warteten auf sie. zum lohn aßen die männer pogatschen, osterschinken, krautrouladen und mohnstrudel. und die frauen hörten in jedem haus, dass ihr essen das beste sei, und wuschen sich tagelang den gestank von chamell nr. 3 und victor hugo aus den haaren. früher hatten es hier alle so gemacht, heute nicht mehr so viele. deshalb konnte man kaum sagen, ob man anders war, wenn man es so machte, oder nicht. die tochter war zwar zu hause geblieben, doch sehen wollte sie keinen. vergossen hatte sie selbst den ganzen tag so einige. auch wenn sie es vermisste, neben ihrer mutter zu stehen, während die männer »darf man gießen?« fragten und sie »ja« antwortete und sich bückte, blieb die wohnungstür der mutter heute zu. sie saß in der küche, sah auf ihre topfennudeln hinunter, die sie schnell zubereitet und dann nicht angerührt hatte, und fuhr mit der planung der beerdigung fort. aus dem telefonbuch der mutter hatte die tochter mit jeder ziffer und zahlenreihe gesprochen. immer wieder dasselbe gesagt. immer wieder dasselbe gehört. sie machte es, weil man es hier eben so machte.

am tag der beerdigung beschwerten sich die menschen über das schwüle wetter und den sonnenschein. sie hatten ihre löchrigen regenschirme umsonst mitgenommen. die tochter beschwerte sich nicht mehr. nicht darüber, dass die braune frau frühzeitig nach deutschland zurückgereist war, ohne sich zu verabschieden. nur darüber, dass die frau, die sie geliebt hatte, frühzeitig gegangen war und sich auch nicht verabschiedet hatte. der halbe plattenbau war gekommen: straßenkehrer, schaufensterpuppen, großmütter vom markt, die betrunkene frau mit ihrem betrunkenen mann, kommunisten, bolschewiken, arbeiter, demokraten, nationalisten und radikale aus dem ministerium, die ungesund dicke frau, der mann im bmw, die kakerlakenfrau und sogar der mädchenjunge mit seiner cousine. sie umarmten die tochter, die alleine neben der urne und einem alten foto ihrer mutter in der friedhofskapelle stand. man fühlte sich mehr wie auf einer mieterversammlung als auf einer beerdigung. man hörte sich vom priester an, wie der tag des todes einen auch schon morgen ereilen könne und dass man jesus christus, dem erlöser, für jeden tag dankbar sein müsse. vor allem die drei straßenkehrer weisz, libmann und steiner – alte schulfreunde der mutter – nickten dabei zustimmend, dass ihnen beinahe der nicht vorhandene schabbesdeckel vom kopf rutschte. als worte wie gemeinschaft und nächstenliebe fielen, hörte man am sportplatz – der bloß einige meter von der friedhofskapelle entfernt war – fußballer über mütterliche genitalien und söhne von huren schreien. und sogar jetzt wunderte sich niemand darüber.

der schiefe kirchengesang eines untalentierten mittelalten chorjungen war zur freude aller anwesenden zu ende gegangen, der bestattungswagen fuhr los. er führte das trauervolk, begleitet von einem italienischen schlager, zur grabstelle. die tochter stand allein neben dem offenen grab, in dem ihr vater und ihre großeltern lagen. zwischen den gesichtern der anwesenden erkannte sie zwei burschen, die am ostermontag stets vorbeigekommen waren. mit sicherheit hatten sie auch dieses jahr geklopft, und der tochter wurde jetzt bewusst, dass sie niemals wieder gegossen werden würde und ihre mutter wohl noch weniger. der priester hielt einen behälter mit weihwasser in der hand, während er sich dem grab näherte. die tochter war sich sicher, glasklar gehört zu haben, wie er fragte, ob er gießen dürfe. sie nickte leise. er hob die hand und goss die mutter zum letzten mal.

hatte man gedacht, dass man hier nur über der erde anders sei und unter ihr nicht mehr, hatte man sich geirrt. denn selbst hier lag man geordnet. danach, ob man eine dunklere oder hellere hautfarbe hatte. ob man an einen anderen, an viele oder an gar keinen gott geglaubt hatte. ob man sehr jung oder sehr alt, sehr arm oder sehr reich gewesen war. gemeinsam hatte man hier allerdings auch einiges: man arbeitete nicht mehr, man eilte nicht mehr, man rauchte nicht mehr, man kochte nicht mehr, man trank nicht mehr und drohte nicht mehr mit mord, man diskutierte nicht mehr über politik, man steckte sich weder millionen noch zigarettenstummel ein, man fluchte nicht mehr, und man glitzerte und protzte nicht mehr. und selbst der regen und der geruch nach kanal war hier jedem egal. wahrscheinlich war nicht einmal mehr wichtig, neben wem man hier lag. denn hier konnte man endlich liegen. hier konnte man endlich schlafen.

Rasha Habbal UND
Nora Bossong

Rasha Habbal und Nora Bossong haben keine Scheu
vor trockenem Stoff. Rasha Habbal war Buchhalterin,
Nora Bossong hat einen Roman über einen Hand-
tuchfabrikanten geschrieben. Und beide können
beides: Prosa und Poesie.

Nora Bossong

Die Unterschiede des Wassers

Frankfurt bringe ihr Glück, sagt Rasha in der Tram auf dem Weg zur Messe. Am Vormittag hat sie eine Zusage für ein Stipendium erhalten, sechs Monate, zwei davon wird sie in Berlin verbringen. Endlich ein Ziel, eine Richtung, meint sie. Im April sind wir dann quasi Nachbarinnen, zumindest wohnen wir in derselben Stadt, aber vorher will sie noch ihren Deutschkurs abschließen, Level B2. Obwohl ihr Deutsch ziemlich gut ist, meint Rasha, dass sie Situationen nervös machen, in denen sie sich darin beweisen muss. Und meist könne sie nicht das ausdrücken, was sie eigentlich sagen wolle, sondern bliebe in den Grenzen dessen verhaftet, was ihr sprachlich zur Verfügung stehe. Frustrierend. Ich nicke, das kenne ich von meinem Auslandssemester in Rom, und doch kenne ich es nicht, weil ich die wichtigen Gespräche immer auf Deutsch oder Englisch führen konnte, ob ich mich um ein Stipendium beworben habe oder auf einer Bühne stand. Weil ich alles aus der recht luxuriösen Situation heraus erlebt habe, Austauschstudentin zu sein.

Am Vorabend haben wir in der Katharinenkirche gelesen. Wer die Reihe »Zwischen den Zeilen« kennt, weiß, wie ruhig sich Frankfurt auch während der Messehektik geben kann. »Eine Stunde Schönheit« lautet der Untertitel, er stimmt ganz sicher, wenn man in der Kirche hinaufblickt, dem Vortrag zuhört, und er stimmt ganz sicher nicht, denn ebendiese Texte erzählen von Vertreibung, Verhaftungen, vom Verschwinden, vom Abbruch und Wegbruch eines oder vieler Leben. Es sind Texte von Autorinnen und Autoren aus sogenannten »Kriegs- und Krisenregionen«, was man gerne subsumierend sagt, als könnte man Zerstörung auf ein Nummernschild runterrechnen. Mit Rasha Habbal und Fady Jomar lesen zwei, die diesen Regionen zumindest geografisch entkommen sind; ihre Texte aber bleiben dort verwurzelt, versuchen, wie Rashas Text »Gefleckte Hände«, jene Brücke zu bauen zwischen dem, was zurückgelassen werden musste, und dem, was eine neue Heimat sein könnte. Heimat aber lernt man nicht so schnell, noch deutlich langsamer wohl als eine neue Sprache. Was sie sich von *Weiter Schreiben* erhoffe, fragt der Moderator sie zum Schluss. Sie wolle wieder fest auf ihren Füßen stehen, sagt Rasha.

Und nun stehen wir erst mal mitten im Messetrubel. Am Aufbaustand gibt es Kaffee und Knoppers, dazu Wasser, unbedingt ohne Kohlensäure, meint Fady, Wasser mit Kohlensäure sei doch kein Wasser mehr. Was es denn sonst sei, fragt David Wagner. Wenn du Wasser mit Wein mischst, ist es doch auch kein Wasser mehr, sondern Weinschorle, argumentiert Fady. David erzählt von den Quellen in seiner rheinischen Heimat, in der das Wasser tatsächlich mit natürlicher Kohlensäure aus der Erde komme. Vielleicht sollten wir erst mal die Unterschiede des Wassers begreifen, begreifen, dass es überhaupt Unterschiede gibt. Und danach können wir immer noch über die Feinheiten der Grammatik stolpern.

Während David und Fady für den Auftritt auf dem blauen Sofa geschminkt und verkabelt werden, ziehen Rasha und ich durch Halle 5.1, in der die arabischsprachigen Aussteller untergebracht sind. Rashas euphorische Neugier ist schnell erschöpft. So viel Fläche und doch sei kaum Literatur zu finden, meint sie und zeigt auf ein Regal, in dem Schulbücher für Kinder präsentiert werden. Es gäbe doch gute Verlage, gute Publikationen, warum zeige man das nicht. Warum gebe es hier zwar zwei Stände, die Koranausgaben ausstellten, nichts anderes, aber keine aktuellen Romane oder Gedichtbände? An einem Stand entdeckt sie wenigstens ein einziges Buch, das sie interessiert, sie verhandelt mit dem Aussteller, ab Samstag könne sie es kaufen, erfährt sie, aber da ist sie schon wieder zurück in Trier. Immerhin, wenn die Buchmesse ihr auch keine Bücher eingebracht hat, so doch wenigstens Glück und die Hoffnung, dass sie während ihrer Zeit in Berlin ein paar mehr Bücher wird finden können.

Tania Al Kayyali / Ohne Titel,
Anfertigung zum Text, Collage (2017)

Rasha Habbal

Scheckige Hände

Mein Herz, das aus Liebe schlagen kann, kann auch stillstehen, wenn es eine blaue Perlenkette sieht, die jahrelang an der Steinwand im Haus meines Vaters hing.

Vor einer Woche erhielt ich ein kleines Päckchen von meinem Vater. Die sorgfältig zusammengewickelte und von allen Seiten zugeklebte Plastiktüte ließ mich unweigerlich an die von der Weißfleckenkrankheit gezeichneten Hände meines Vaters zurückdenken, die ich immer als etwas Besonderes betrachtet habe. Die Hände meines Vaters sind scheckig und sehen anders aus als die der anderen Väter. Ich sah vor mir, wie diese Hände die letzte Tüte zuklebten und sie behutsam prüfend hin und her wendeten. Einen Moment lang packte mich das Entsetzen darüber, diese Tüte, die mein Vater mit seinen eigenen Fingern zusammengeklebt hatte, aufreißen zu müssen.

Doch meine Erregung war stärker. Ich fand eine Tüte in der Tüte und so folgte eine Überraschung der anderen. Es waren Überraschungen, die dir Erinnerungen an Details ins Gedächtnis rufen, bis du zu keuchen beginnst, als liefest du zwischen den Wänden deines eigenen Körpers umher.

Bei der zweiten Tüte musste ich lachen wie ein Kind, das eine Glasmurmel gefunden hat, die anders ist als alle Murmeln seiner Spielkameraden.

Ich wandte mich an meinen Freund und sagte: »Ich habe jetzt eine Tüte von Maghmuma.«

Verwunderung legte sich auf seine Gesichtszüge. Das hatte ich erwartet, und so nutzte ich diese Verwunderung, um ihm einen Stadtplan meiner Stadt zu skizzieren: »Maghmuma ist der berühmteste Fotograf in Hama. Sein Studio liegt hinter der Hauptpost am Orontesplatz.«

Das Lächeln meines Freundes galt weder dem Fotostudio von Maghmuma noch dem Orontesplatz, denn beides interessierte ihn nicht, sondern einer weiteren Überraschung im Inneren der Tüte.

Als ich sie öffnete, nahm ich einen mir sehr vertrauten Geruch wahr. Einen Geruch, den ich vermisst hatte, obwohl er mir damals genauso wenig bedeutet hatte wie Tausende anderer Gerüche und Dinge auch. Der Geruch von getrockneten Okraschoten. Oh mein Gott! Ich besaß nun eine kleine Tüte Okraschoten und roch daran wie jemand, der den Geruch eines Verstorbenen oder eines Geliebten einsaugt. Ein ganzes Jahr lang habe ich bei mir zu Hause darauf gewartet.

Ist das denn mein Zuhause? Das neue Land konnte mich nicht halten, an mein Land wollte ich mich nicht weiter klammern. Die Dinge können nicht in Entfernungen gemessen werden.

Wie kann das also mein Zuhause sein, wo es hier doch keine Okraschoten gibt, die den Duft der zweiunddreißig Jahre meines Lebens in sich tragen?

Ich öffnete die Tüte und steckte meinen Kopf tief in die harten Schoten. »Am Freitag werden wir diesen Schatz essen!«, rief ich augenblicklich, als verkündete ich den Beginn der Erlösung.

Dazu zwei Romane. Einer aus meiner Bibliothek, die ich zurückgelassen hatte. Auf der ersten Seite standen mein Name und das Datum des Tages, an dem ich das Buch gekauft hatte. Ich hatte immer Angst gehabt, die Bücher könnten bei Freunden verlorengehen, ohne dass ich wüsste, wem sie gehörten.

Vielleicht aber hätte ich schreiben sollen:

»Rasha Habbal
2010
Syrien«.

Doch damals wäre mir nicht in den Sinn gekommen, dass Syrien eine begrenzte Zeitspanne sein könnte und dass ich Bücher besitzen würde mit dem Vermerk:

»Rasha Habbal
2016
Deutschland«.

Der zweite Roman war aus der Bibliothek meines Vaters und trug eine Widmung von ihm:

»Du hast ein wenig von mir
Und ich habe viel von dir
Die Musik einer aufregenden Kindheit
Und den Schweiß der Tage
Wir haben nun etwas, das wir gut festhalten
Das Salz der flüchtigen Details ...«

Er allein war es gewesen, der mich gelehrt hatte, wie die Sprache zu einem Schlüssel wird. Aber wichtiger als die Sprache war jetzt seine Handschrift ... Ich hob ungläubig den Kopf. Wie konnte die Schrift meines Vaters mir in einem einzigen Moment alle Schulzeugnisse ins Gedächtnis rufen?
»Wir danken Ihnen für Ihre Mühen.«
Sein unveränderlicher Satz, darunter seine Unterschrift.
Erst jetzt fiel mir auf, dass meine Unterschrift der meines Vater gleicht und meine Schrift seiner. Und dass ich mit jedem Schritt, den ich tue, meinen Fuß in die Nähe von seinem setze.

Noch eine kleine bunte Tüte.
Ich habe mich selbst seit langer Zeit nicht mehr so vor Glück schnaufen gehört. Ich fand eine blaue Perlenkette, die vor dem bösen Blick schützt, bestehend aus ein paar blauen Perlen, einem silbernen Halbmond und einer silbernen Hand. Mein Vater glaubt nicht an den bösen Blick, aber er glaubt an

die Farben, welche die Blassheit des unveränderlichen Steins durchbrechen. Mein Vater glaubt nicht an den bösen Blick, aber er schickte mir eine ganze Wand unseres Hauses in einer kleinen Tüte.

Dazu schickte er eine kleine Halskette und zwei Ohrringe, die er mit seinen eigenen Händen für mich gefertigt hatte, die ich seine Hände so sehr liebe. Ich kannte diese Perlen, aus denen er Kette und Ohrringe gemacht hatte. Sie hatten zu einer Gebetskette gehört, die ihm einer seiner Genossen aus der Zeit seiner politischen Arbeit im Gefängnis geschenkt hatte.

Wie ist es möglich, dass dein ganzes Leben in nur einer einzigen Viertelstunde an dir vorüberzieht? Dein Leben zieht an dir vorbei, und du redest dir weiter ein, dass du frei bist von diesen Händen, die dich von dort aus festhalten.

Meine Tasse Kaffee steht zwischen uns
Nach drei Zeichen
Eine Straße
Rechts ein Checkpoint
Links ein Checkpoint
Und zwischen links und rechts
Jemand, der meinen Vater weggetrunken hat.

…

Vielleicht war es ein Gewehr
Oder ein Gewehr
Sicher ein Gewehr
In seinem Gesicht oder seinem Rücken.

…

Hat er geschwitzt?
Bestimmt hat er heimlich geflucht
Hat das Stofftaschentuch hervorgezogen
Sich das Gesicht abgewischt
Und auf das Land geschimpft.

…

Ich möchte einen Text ohne einen einzigen Buchstaben schreiben, denn die Arterien sind eng und du kannst die Karawanen der Tage nicht mit einem Schwung hindurchfließen lassen.

17. Juni 2015.
An diesem Tag stand ich zum letzten Mal auf syrischem Boden und war mir bewusst, dass ich gehen musste. Aber die Dinge, die meine Füße mit Gewalt festhielten, waren die Dinge, die keine Entfernungen haben können. Entfernungen, deren Stimme du deutlich hören kannst, wenn sie dir sagen: »Geh nicht!«
Aber du bist feige und deshalb sagst du zur Flucht: »Du bist der Weg.« Und du verirrst dich im Nebel, ohne dich zu deinem Schatten umzudrehen, der störrisch ist wie ein törichter Esel. Deshalb siehst du jetzt, wie wir unsere Schatten streng erziehen, damit sie uns nicht ein weiteres Mal von ihrem Rücken werfen.

Alle um mich herum sind tot und ich glaube, ich auch ...
Ich, die ich nicht gut Entfernungen überwinden kann zum Beispiel.

Noch immer hallt die Stimme meines Vaters in meinem Kopf nach, der vor zwanzig Jahren Wasser war: »Rasha, mein Kind, zwei Meter noch, strecke deine Hand aus, dann bist du da.«

Aber ich war schon vor den noch verbleibenden zwei Metern am Ende und die Züge der Enttäuschung im Antlitz meines Vaters zogen meine Füße nach unten. Diese Stimme verfolgt noch immer meine Angst vor den letzten zwei Metern. Diese beiden Meter können die Größe eines Grabes und eines Grabsteins sein.

Aus dem Arabischen von Larissa Bender

Ahmad Katlesh UND
Michael Krüger

Ahmad Katlesh und Michael Krüger – der eine
hat ein Archiv arabischsprachiger Literatur im Netz
aufgebaut, der andere ist ein lebendes Archiv. Beide
sind größer als andere und dichten.

Michael Krüger

Also baut er einen Kanal

Wer die Kurzbiographien deutscher Autoren der Gegenwart liest, bekommt Lust, ein deutscher Schriftsteller zu werden: Preise, Stipendien, Stadtschreiberämter, Auslandsaufenthalte in Kulturinstituten in Rom, am Bosporus oder in Los Angeles. Studium der Germanistik, Kommunikationswissenschaft und Psychologie. Regelmäßige Mitarbeit bei Funk, Fernsehen und Zeitungen – usw. Wie anders lesen sich die Biographien in dieser Anthologie! Man kriegt eine Gänsehaut, wenn man liest, dass einer, der Gedichte schreibt, in Damaskus geboren wurde, weil einer, der Gedichte schreibt, in Damaskus keinen Fuß auf die Erde kriegt. Man muss andere Berufe haben in Damaskus. Er kann hinter vorgehaltener Hand schreiben, für die Schublade, mit Geheimtinte. Und da alle Zeitschriften und Verlage unter der Kontrolle der Zensur stehen, kann er sich ausrechnen, dass der Zensor wahrscheinlich sein einziger Leser bleiben wird. Also versucht er (oder sie), das Land zu verlassen. Mein Kollege Ahmad ist in Düren gelandet, so ungefähr das Gegenteil von Damaskus, mit einem Stipendium der Heinrich-Böll-Stiftung. Anders als ich – alt und technisch unbegabt – beherrscht er die elektronischen Medien, die einzigen Medien, die nicht dem Zensor unterstehen. Also baut er einen Kanal oder Blog oder wie das heißt in arabischer Sprache auf, über den er seine Gedichte in die Welt schickt – auch nach Hause. Ein Syrer in Düren, begabt, offen, lernbegierig, politisch denkend und mit dem Herzen dabei. Überdies lacht er gerne. Wenn er in Syrien zurzeit nicht gebraucht wird, soll man ihn hier wie einen deutschen Schriftsteller behandeln, also Preise, Stipendien, Stadtschreiberämter, vor allem aber gute Übersetzungen! Denn anders, als sich unsere Politiker das vorstellen, ist es nicht so leicht, die deutsche Sprache zu erlernen, wenn man gleichzeitig weiterhin in der Muttersprache schreiben will und muss.

Wenn Ahmad eines Tages wieder nach Damaskus zurückkehrt, nach dem Sturz des Assad-Regimes, wird er als ein syrischer Dichter aus Deutschland zurückkehren. Darauf sollten wir stolz sein. (Endlich dürfen wir mal wieder stolz sein!)

*Khaled Youssuf / ohne Titel,
Fotografie (2015)*

Ahmad Katlesh

Kinder des Lehms

Früher wohnten wir in Häusern mit niedrigen Decken. Trotzdem hatte jedes Haus einen Hängeboden für Dinge, die die Mütter nicht brauchten – denn sie warfen grundsätzlich nichts weg.

Beim Blindekuhspielen versteckte ich mich einmal auf solch einem Boden. Ich wurde nicht gefunden und blieb einfach dort. Später freundete ich mich mit meinem vernachlässigten Ich an.

Ich verbarg auf dem Hängeboden meine Laster, die so den Schatz meiner geheimen Erinnerungen bilden.

Viele Hängeböden habe ich kennengelernt. Hängeböden, auf denen man Steuerunterlagen und verdorbene – auch kostbare – Waren verschwinden ließ. Hängeböden, auf denen Kinder vergewaltigt wurden. Hängeböden für Sex. Hängeböden, auf denen Arbeiter ungestört beteten, mit ihrer Liebsten sprachen oder ihre Prügelstrafe empfingen. Hängeböden, die Schutz boten vor dem Streit der Eltern. Hängeböden in Häusern mit niedrigen Decken zum Alleinsein.

Jetzt wohne ich in einem Haus mit hohen Decken und weiß nicht, was ich mit all der Leere anfangen soll. Weiß nicht, wohin mit meiner Angst, die ich nicht brauche und die ich – genau wie meine Mutter – nicht wegwerfen kann.

* * *

Die Häuser hier sehen so aus wie die, die wir als Kinder malten. Schräges Dach, große Fenster, hauchdünne Vorhänge. Obendrauf bleibt kein Schnee liegen, drinnen staut sich nicht die Luft. Häuser, die die Sonne anlachen.

Aufgewachsen sind wir in Häusern mit Flachdach und kleinen Fenstern, außen vergittert und innen mit dicken Gardinen verhangen. Wir mochten keine Häuser, in denen die alten Geschichten schwelten und schlechte Luft zirkulierte. Deshalb malten wir die Häuser so, wie wir sie uns wünschten. Die Geschichte sollte uns nicht immerzu lasten auf dem Kopf. Dem Kopf, in den unsere Mütter sich stets hineinfühlten.

Weshalb sonst rief meine Mutter jedes Mal, wenn ich mich ein wenig aus dem Fenster lehnte: »Du fällst noch raus. Dein Kopf ist viel schwerer als du.«

* * *

Weil wir aus Erde bestehen,
sind wir die Mütter der Bäume.
Ohne Unterschied,
du bist die Mutter der Weinrebe,
ich bin die Mutter des Olivenbaums,
ohne Unterschied.

* * *

Früher wusste ich nicht, was es heißt, in Häusern mit Holzfußboden zu wohnen. Sobald ich meine Schuhe ausziehe und barfuß gehe, falle ich hin.

Wir sind die Kinder des Lehms. Wir zogen für unsere Lieben Bäume auf statt Schmetterlinge und Vögel.

Boden aus Holz, Decke aus Holz. Ich werde zu meiner Liebsten sagen, dass ein Baum mich in seinem Inneren aufgenommen hat. Sie wird lachen und denken, ich wohne im Bauch eines Cellos.

Wir sind die Kinder der Erde, die Bäume müssten aus uns herauswachsen. Wir sind die Kinder des Asphalts. Tag für Tag begräbt er uns unter seinem Schutt, Liebste.

Aus dem Arabischen von Leila Chammaa

Omar Imam / aus der Serie »Live, Love, Refugee«,
Fotografie (2014)
Cathrine Edelman Gallery

Ahmad Katlesh

Das Gedächtnis des Kühlschranks

Jeden Morgen hängt am Kühlschrank ein Brief von jemandem, der sich aus meinem Leben verabschiedet hat. Egal, ich lese ihn später, denke ich. Nun, da alle Menschen fort sind, verlassen mich auch noch die Gegenstände. Am Kühlschrank ist kein Platz mehr, also legen sie die Briefe hinein – auf die abgelaufenen Konserven. Vielleicht hätte sich draußen noch eine freie Stelle gefunden, aber so ist es ihnen offenbar lieber.

Nicht einen einzigen Brief habe ich gelesen. Ich finde immer eine Ausrede, das Lesen auf das Wochenende zu verschieben. Aber ich habe längst aufgehört, die Tage zu zählen, und weiß deshalb nicht, wann Wochenende ist. Mittlerweile erinnere ich mich nicht einmal mehr an die Dinge, die fortgegangen sind. Bücher, Tassen, Geschenke, Bettwäsche, Löffel, Uhren, Kalender. Alles – bis auf die Messer. Nur die Messer sind geblieben. Sie liegen in der Küche auf dem Boden, seit der Kühlschrank samt den Briefen verschwunden ist.

Aus dem Arabischen von Leila Chammaa

Omar Al-Jaffal UND
Kristine Bilkau

Omar Al-Jaffal und Kristine Bilkau – der besonnene
Blick auf die politischen und gesellschaftlichen
Zustände verbindet die beiden und ihre frühe
Auseinandersetzung mit Heinrich Böll:
Omar Al-Jaffal anhand von Übersetzungen
seines Vaters im Irak, Kristine Bilkau als
deutsche Schülerin in den USA.

Kristine Bilkau

Berlin, Bagdad, Düren

Es ist Ende Mai, früh am Abend, die Sonne brennt noch so kräftig wie am Nachmittag, 33 Grad zeigt die Wetter-App an. Omar Al-Jaffal schaut auf den blau leuchtenden Wannsee, dann in die blendende Sonne. »This is not Berlin. This is Bagdad!«, sagt er, den Blick weiter zum Himmel gerichtet.

Der wärmste Mai seit 1889, habe ich in einer Zeitung gelesen. 1889, das Jahr, in dem die Friedensforscherin und Schriftstellerin Bertha von Suttner *Die Waffen nieder!* veröffentlichte. Der wärmste Mai seit Gründung der Bundesrepublik, habe ich in einer anderen Zeitung gelesen; 1949, dem Jahr, als Heinrich Böll sein erstes Buch veröffentlichte, die Kriegserzählung *Der Zug war pünktlich*.

Heute, am Wannsee, geht es um das Weiterschreiben, nach dem Krieg, während des Krieges, nach der Flucht, aus dem Exil. Es geht um die Hoffnung und das Wort. Deshalb sind wir hier, Omar Al-Jaffal und ich, er wird einen Text über den Alltag der Angst in Bagdad auf Arabisch vorlesen, ich die deutsche Übersetzung. Und es wird um Heinrich Böll gehen, mit dem uns beide einiges verbindet.

Als Stipendiat hat Omar Al-Jaffal das vergangene Jahr in Langenbroich im Haus von Heinrich Böll gelebt und ist bis heute in der Nähe, in Düren, geblieben. Von dort hat er einen Brief an Heinrich Böll geschrieben. Es ist ein langer Brief, der mit der Kindheit von Omar Al-Jaffal beginnt. Eine Kindheit, die während der neunziger Jahre zu früh endete, weil die harten Wirtschaftssanktionen gegen den Irak die Familie verarmen und hungern ließen und sie dazu zwangen, ihren zwölfjährigen Sohn aus der Schule zu nehmen, damit er mit Gelegenheitsarbeiten Geld hinzuverdiente. Ein Brief, in dem Omar Al-Jaffal über Nachkriegsgesellschaften nachdenkt, über das Leid der Menschen und das Versagen der Politik.

Ein Brief, der bis ins Heute führt, von der Aktualität von Bölls Worten erzählt und von einer Gegenwart, die geformt ist von ökonomischer Ungerechtigkeit, von politischer Trägheit und von wachsenden, schwer zu greifenden Ängsten. Ängste, auf die es zu viele reflexhafte, schlicht gedachte Reaktionen, aber zu wenig hilfreiche Antworten gibt. Bitter im Ton und doch voller Sehnsucht nach einer besseren Zukunft schreibt Omar Al-Jaffal an seinen imaginierten Gastgeber.

Ich frage mich, was der alte Dichter Omar Al-Jaffal auf seinen Brief antworten würde, wenn er könnte. Eine schöne Vorstellung wäre das; der heutige Leseabend im Literarischen Colloquium Berlin, auf der Bühne Omar Al-Jaffal, und durch die Tür käme Heinrich Böll, er würde den erstaunten Menschen im Publikum zunicken, sich ohne viel Aufhebens einen Platz auf dem Podium suchen, wir würden uns über Gesellschaften nach dem Krieg unterhalten und über die Gegenwart, und wir würden Böll um Antworten auf unsere Fragen bitten.

Doch Böll hat alle Antworten ja längst gegeben. Omar Al-Jaffars Vater kennt sie. Er lernte Ende der siebziger Jahre die deutsche Sprache und übersetzte Böll ins Arabische. Omar Al-Jaffal findet seinen von Krieg, Korruption und Armut beschädigten Vater in den Romanfiguren von Heinrich Böll wieder. Auch meine Mutter, Jahrgang 1940, kannte diese Antworten, besser als ich, genauer als ich. Als junge Frau, fremdelnd mit der Adenauer-Politik und der schweigenden Verwandtschaft, bedrückt von der deutschen Geschichte, deren Aufarbeitung behäbig ignoriert wurde im Wirtschaftswunderland. Meine Mutter füllte ihre Bücherregale mit Literatur von Anna Seghers, Siegfried Lenz – und Heinrich Böll, durch dessen Stimme sie Rückhalt und Orientierung fand in den Jahren vor 1968, als sie, wie so viele ihres Alters, voller Unbehagen, Zweifel und Aufbruch auf der Suche nach Sprache und Ausdruck für dieses Lebensgefühl war.

Wir tragen keine Schuld, aber wir tragen Verantwortung. Mit diesem Satz bin ich aufgewachsen. Ich war Schülerin, vierzehn, fünfzehn Jahre alt, und meine Mutter gab mir ihre Bücher zu lesen. *Ansichten eines Clowns*, eine abgegriffene Originalausgabe von 1963. Auf einer der ersten Seiten, leicht zu übersehen, mit Bleistift geschrieben: Heinrich Böll; eine Schrift ohne Schnörkel, zurückgenommen, bescheiden. Ich sehe die junge Frau vor mir, wie sie dem Autor nach der Lesung ihr aufgeschlagenes Buch überreicht und er es für sie signiert. Inzwischen ist diese Ausgabe aus dem Nachlass meiner Mutter in mein Regal gewandert.

»Wie humanistisch eine Gesellschaft agiert und wie sehr sie diese Werte bewahrt, ergibt sich aus den Büchern, die ihre Menschen lesen, sagen wir im Arabischen«, so Omar Al-Jaffal. Die Hoffnung und das Wort. Aus diesem Gespann entspringt ein eng verwobenes Netz, dieses Netz verbindet Berlin mit Bagdad mit Düren. Es verbindet die alten Böll-Ausgaben, ob auf Deutsch oder Arabisch erschienen, die in manchen Händen lagen und Rückhalt gaben, mit einigen der Bücher, die gerade erst geschrieben werden. In Düren arbeitet Omar Al-Jaffal an seinem ersten Roman. Es soll um die vermeintlichen Kleinigkeiten im Leben durchschnittlicher Leute gehen, anhand derer sich die großen gesellschaftlichen Zusammenhänge ablesen lassen, präzise Alltagsbeobachtungen, durch die sich wirtschaftliche und politische Systeme entlarven und kritisieren lassen. Das ist es, was er bei Böll gefunden hat, das ist die Form des Erzählens, an die er glaubt; noch etwas, das uns verbindet.

Langsam gehen wir den Weg vom See hoch zur Villa, wo wir gleich auf der Bühne nebeneinandersitzen und vorlesen werden. »Menschen wie ich haben keine großen Träume, wir haben gesehen, wie große Träume sich in nichts auflösen«, sagt Omar Al-Jaffal, »aber ich habe unerschöpflich viel Hoffnung, darauf, dass Kriege beendet werden, Armut und Ausbeutung bekämpft werden können, und Hoffnung darauf, dass sich in der Politik moralische Werte durchsetzen, zumindest in dem Maße, dass die Menschen in allen Ländern ein gutes Leben führen können. Ja, ich gebe zu, angesichts der grausamen und verdorbenen Verhältnisse wirken diese Gedanken kindisch, aber haben wir eine andere Wahl?«

Aus den offenen Fenstern des Saals hören wir Oud-Klänge und den Rhythmus der Percussion, Soundcheck für das Konzert der syrischen Band Matar, das nach der Lesung stattfinden wird. Dieser Abend ist ein kleiner Knotenpunkt in dem Netz, gesponnen aus der Hoffnung und dem Wort; dieser Abend, an dem die Sonne über dem Wannsee Omar Al-Jaffal einen Moment lang Bagdad spüren ließ.

*Majd Suliman / unter Verwendung einer Fotografie von René Böll,
Copyright: Samay Böll,
Fotocollage (2018)*

Omar Al-Jaffal

Brief aus einer zugrunde gehenden Welt an Heinrich Böll

Lieber Heinrich Böll,
ich hoffe, es geht Ihnen gut ...

Eigentlich wollte ich einen Artikel über Ihre wenigen auf Arabisch veröffentlichten Werke schreiben, doch als ich sah, wie viele Artikel und Studien bereits über Sie geschrieben wurden, habe ich meine Meinung geändert. Und weil ich zufällig an Ihrem hundertsten Geburtstag in Deutschland lebe, möchte ich mich noch einmal mit Ihrem Werk beschäftigen, es analysieren und einer kritischen Betrachtung unterziehen.

Da ich noch nie einen Brief an Sie auf Arabisch gelesen habe, habe ich beschlossen, nun diesen Brief an Sie zu schreiben ... Bestimmt wird Sie dieser Brief verstören, denn die Welt wird immer schlechter und die Frustration hat ein enorm hohes Niveau erreicht. Alles, wovor Sie gewarnt haben und was Sie in Ihrem Leben beunruhigt hat, hat sich heute im Vergleich zu früher um ein Vielfaches verschärft.

Ich wäre selbstverständlich dankbar, wenn Sie mir erzählen würden, wie die Lage bei Ihnen dort in der anderen Welt ist, aber ich weiß ganz genau, dass Sie nicht antworten werden. Dort herrscht offenbar ein äußerst strenges Regiment, so dass niemand uns auch nur eine Andeutung über die Situation zukommen lassen kann. Wie Millionen anderen auch ist es mir nicht gelungen zu erfahren, was in Ihrer Welt passiert, obwohl Hunderte von Briefen an unsere Toten geschickt wurden.

Lieber Herr Böll, ich habe in Ihrem Haus in Langenbroich in Nordrhein-Westfalen gelebt und bin von dort direkt ins Altersheim gezogen ... Erschrecken Sie nicht, ich habe natürlich nicht mein ganzes Leben in Ihrem schönen Haus verbracht, sondern nur ein Jahr. Es war ein ganz wundervoller Aufenthalt, in dem ich einen Gedichtband verfasst und etwa zwanzig Artikel über Politik und Literatur geschrieben habe. Sicher haben Sie Sehnsucht nach diesem schönen Haus, aber ich sage Ihnen ganz ehrlich: In den ersten Wochen habe ich es gehasst. Ich war allein und ich habe noch nie so nah an der Natur gelebt. Ich komme aus Bagdad, aus der Stadt, die ihren Glanz verloren hat, der Stadt, in der wir statt eines einzigen Henkers aus Tausendundeiner Nacht mittlerweile in jeder Gasse einen haben. Und wenn sich die Mörder vermehren, stirbt die Natur, genauso wie der Mensch.

Ich werde Ihnen erzählen, wie ich Sie kennengelernt habe: Mein Vater ähnelt vielen Figuren in Ihren Geschichten, die durch ein Leben in einer Diktatur, im Krieg und der Nachkriegszeit besiegt wurden. Er lernte Ende der siebziger Jahre des letzten Jahrhunderts in Bagdad die deutsche Sprache und übersetzte einige Ihrer Geschichten. Das Elend zwang ihn, mit dem Übersetzen und dem Schreiben aufzuhören, denn kaum waren wir, seine Kinder, auf der Welt, zerstörten wir durch unser Chaos und unsere Ansprüche, satt zu werden, all seine Träume vom Schreiben. Und Nahrungsmittel waren im Irak eine große Sache – Sie kennen das nur allzu gut aus dem Deutschland der vierziger und fünfziger Jahre. Nachdem Sie von dieser Welt gegangen sind, hatte das diktatorische Regime von Saddam Hussein unser Leben fest im Griff, dann setzten die Vereinten Nationen fort, was der Diktator begonnen hatte, und verhängten Wirtschaftssanktionen über das Land, die als die härtesten der Welt galten. Deshalb hungerten wir. Nachdem mein Vater vor dem Regime Saddam Husseins geflohen war, stöberten meine Geschwister und ich in seinen Papieren, um die Erinnerung an ihn fortleben zu lassen, und so fand ich einige Ihrer Geschichten, die er übersetzt hatte.

Ich kann nicht behaupten, dass ich mich an viele Details aus den Texten erinnern würde, denn der Hungrige, Herr Böll, würde am liebsten sogar Papier verschlingen. Später lernte ich Sie kennen, weil Sie meine syrischen und palästinensischen Freunde, die von Baschar al-Assads Regime in Syrien verfolgt wurden, retteten und vielen von ihnen Schutz in Ihrem weit abgelegenen Haus boten. Sigrun Reckhaus war wie ein Schmetterling, der ihnen und mir die Hoffnung einimpfte, und Stefan Knodel ebnete uns den Weg, damit wir uns an das Leben im Exil gewöhnten.

Ich habe Ihre Bücher und Artikel natürlich nicht aus diesen Gründen gelesen, sondern weil Sie über Dinge geschrieben haben, die viele Schriftsteller vernachlässigten, wie über das bedrückende Alltagsleben mit seinen Krisen, die wie Gespenster an den Träumen und der Realität nagen. Ihre Artikel bedeuten mir sehr viel, denn sie sind nicht nur auf Deutschland nach dem Krieg übertragbar, sondern auf alle Staaten, die in die Klauen eines Krieges geraten sind.

Ich möchte Ihnen jetzt über die schlimmen Seiten unserer Welt erzählen. Es ist eine Nachkriegswelt, vor der Sie in Ihren Kurzgeschichten, Romanen und Artikeln immer gewarnt haben. Sie können sich nicht vorstellen, wie hässlich und beängstigend unsere Welt heute ist, denn die Politiker und Entscheider haben nicht auf die Ratschläge Ihres lieben Freundes Günter Grass in seiner Nobelpreisrede gehört. Er hatte den Regierungen damals schon vorhergesagt, dass eine Welle von Flüchtlingen nach Europa und in die westlichen Staaten kommen werde, weil diese nicht aufhörten, die Staaten der sogenannten Dritten Welt mit der Logik des Kolonialismus zu behandeln. Wegen der Ungerechtigkeit, der Armut und der fortgesetzten Kriege in ihren Ländern flüchteten Hunderttausende aus dem Osten der Erdkugel nach Europa, erschöpft von Kriegen, Krankheiten und Hungersnöten und auf der Suche nach Hoffnung.

Grass war wirklich ein Prophet.

Diese Tatsache hat vielen Ihrer Mitbürger jedoch nicht gefallen. Sie wählten eine rechtsradikale Partei, deren einzige Sorge es ist, vor den Flüchtlingen zu warnen und sie als Zombies darzustellen. Eine nationalistische Partei, die versucht,

Deutschland in seine schreckliche und furchterregende Vergangenheit zurückzuholen, die Sie immer verurteilt haben.

Es tut mir leid, dass ich Ihnen das erzählen muss.

Und die Firmen ... die Firmen, Herr Böll, über deren kapitalistische Machenschaften und Habgier Sie sich immer geärgert haben, sind es, die heute die Welt beherrschen. Die Manager dieser Firmen lassen die Politiker tanzen, sie sind es, die eigentlich die Gesetze machen, sich selbst schützen und ihren Reichtum noch vergrößern, während die Armen immer ärmer werden. Ich habe Menschen in Ihrem Land gesehen – es gehört übrigens zu den ganz wenigen Staaten, in denen es noch ein Sozialsystem gibt –, die im Supermarkt stehlen. Ich habe viele Bettler gesehen. Und an den Bahnhöfen wird ständig nach Zigaretten geschnorrt. Eine Packung Zigaretten kostet ungefähr sechs Euro, können Sie sich das vorstellen, Herr Böll? Das Rauchen ist zwar fast überall verboten, aber der Rauch der Fabriken dringt unkontrolliert in unsere Lungen und schleicht sich in unsere Körper.

Und die Natur, Herr Böll ... die Natur, die Sie, wie wir auf so vielen Fotos von Ihnen sehen können, oft betrachtet haben, liegt heute im Sterben. Ganze Staaten werden vom Meer überschwemmt, Tierarten sterben aus. Und wegen des Treibhauseffekts verspäten sich die Jahreszeiten. Die Natur schlägt um sich wie ein Mensch, der unter starken Kopfschmerzen leidet. Der Tag beginnt warm, dann wird es kalt, Regen setzt ein, dann kommt ein Sturm auf, der uns für das bestraft, was wir unserer Mutter Erde angetan haben.

Es gibt zwar das Klimaabkommen von Paris, aber es rettet unsere Erde nicht vor der Katastrophe, weil es nicht umgesetzt wird. Es gibt einen neuen leichtsinnigen amerikanischen Präsidenten namens Donald Trump, der die Welt noch verrückter macht und die Umsetzung dieses Abkommens trotz der Orkane, die sein Land heimsuchen, ablehnt. Bei der Generalversammlung der Vereinten Nationen drohte er, ein ganzes Land – nämlich Nordkorea – einfach auszuradieren, es mit jenen Atomwaffen zu vernichten, die die UNO bekämpft. Wissen

Sie, dass es noch immer ein staatliches Wettrüsten gibt? Alle Staaten konkurrieren bei der Aufrüstung miteinander, sogar die armen Länder ... Waffen werden weiterhin angehäuft, und wir fürchten uns vor dem Tag, an dem sie eingesetzt werden. In dieser Situation, Herr Böll, sind auch die Medien schwach, denn der Neoliberalismus, der nach Ihrem Fortgang noch weiter verankert wurde, schafft ein System, das jenem in dem Roman *1984* von George Orwell ähnelt. Und die Medien spielen dieses Spiel mit, die Printmedien werden Imperien genannt, und sie werden in der Regel von einem Geschäftsmann geleitet, der in einem der hohen Türme hockt, die den Himmel verdunkeln. Die Freiheit wurde zur Ware und entwickelte sich zu einer Ideologie. Hunderttausende Iraker wurden durch die amerikanischen Truppen im Namen der Freiheit getötet, doch am Ende haben wir sie nicht zu Gesicht bekommen ... Wir haben niemals erfahren, was Freiheit ist.

In den Werken der seriösen Schriftsteller, die sich eine Meinung zu Politik und Gesellschaft gebildet haben, kann man ihre Niederlagen spüren. Sie werden von Trauer und Pessimismus beherrscht. Sie haben keine Studenten als Anhänger, denn auch die Universitäten bilden Studenten nur aus, damit sie auf dem Arbeitsmarkt miteinander konkurrieren. Sie drehen sich wie Hamster im Rad, um einen Job zu ergattern, bei dem sie sich am Schreibtisch den Rücken krumm sitzen.

Lassen Sie mich zum Schluss davon erzählen, welche Niederlagen Ihre Figuren, Jahrzehnte nachdem Sie sie erschufen, erlitten haben. Der Fischer, der mit seiner Situation zufrieden war, ist in Panik geraten. Er wartet nicht mehr auf einen Touristen, der ihm sagt, dass er arbeiten soll. Die Medien und der offizielle Diskurs der Regierungen, der tägliche Überlebenskampf im Alltag, die Armut, die verlorene Zukunft, all diese Dinge und noch mehr veranlassen ihn dazu, auf dem Meer zu bleiben. Der Fischer ist gänzlich davon überzeugt, dass seine Zukunft schrecklich sein wird, und deshalb verbringt er seine Zeit auf dem Wasser und lässt die Fische in seinem Boot krepieren. Der Tourist aber, so glaube ich, macht sowieso keinen Urlaub, denn seine Sucht nach täglicher Arbeit zerstört ihm die Ferien. Er häuft Reichtum für einen Ruhestand an, den er niemals antreten wird.

Viele Menschen ähneln heutzutage dem Protagonisten Ihres Romans *Und sagte kein einziges Wort*. Wir leben in äußerst beengten Wohnverhältnissen, denn das Industrieland Deutschland leidet unter einer Wohnungskrise. Ich, lieber Heinrich Böll, bin im Alter von 28 Jahren in ein Altersheim gezogen, um dort zu wohnen. Nicht weil ich früh den Ruhestand angetreten habe, sondern weil ich keine Wohnung zu einem vernünftigen Preis gefunden habe. Ich bin über diese Erfahrung allerdings sehr glücklich, denn die alten Menschen haben mir meine Einsamkeit genommen, und ich bin ihnen sehr dankbar, dass sie sich um mich gekümmert haben.

Die Zeit ist knapp, Herr Böll, mein Brief beginnt die Menschen hier zu langweilen. Alle wissen, in welchen Zeiten wir leben. Wir brauchen unbedingt Veränderung, vielleicht werden wir etwas tun … wer weiß?

Ich werde Ihnen bestimmt wieder schreiben und Ihnen noch eingehender erklären, was auf der Welt passiert. Jetzt aber werde ich Ihnen und den hier Anwesenden einige meiner traurigen Gedichte zum Besten geben. Und meine deutschen Dichterkollegen werden die Aufgabe übernehmen, mit ihren schwarzhumorigen Gedichten ein Lächeln auf Ihr Gesicht zu zeichnen.

Mit freundlichen Grüßen
Omar Al-Jaffal

Aus dem Arabischen von Larissa Bender

Omar Al-Jaffal las diesen Brief zuerst auf der Böll-Poetry-Gala »Get engaged! Einmischung erwünscht« in Halle (Saale).

Souad Alkhateeb UND
Antje Rávic Strubel

Souad Alkhateeb und Antje Rávic Strubel – die beiden Feministinnen sind hochproduktiv: die eine schreibend und übersetzend, die andere am Theater, im Radio und als Therapeutin. Die eine lebt in Schweden, die andere liebt Schweden.

Antje Rávic Strubel

Wut strömt aus den Zeilen

Souad lebt seit einem Jahr und sieben Monaten in Strömsund. Das ist eine Kleinstadt so weit im Norden von Schweden, dass selbst die meisten Schweden noch nie dort waren. Es schneit viel. Sie wohnt in einem Flüchtlingsheim mit ihrem Mann und zwei Kindern, und wer schwedische Kleinstädte kennt, kann sich vielleicht vorstellen, wie wenig da los ist. Also, sie unterscheiden sich nicht so sehr von deutschen Kleinstädten, nur dass noch weniger Menschen dort leben. Was Souad im Moment am dringendsten braucht, ist Anschluss: Anschluss an die Künstlerszene, Anschluss an das Kulturleben, wobei ich versuchen werde, ihr zu helfen.

Souads erster Text, der auf Deutsch erschienen ist, heißt »Schreiben im Krieg«. Er ist ja jetzt bei *Weiter Schreiben* zu lesen. Das ist ein Text der Wut, die Wut strömt aus den Zeilen. Das ist ein Text, der davon erzählt, wie Krieg und dieses endlose Töten die menschliche Vorstellungskraft übersteigen, und wie auch die Sprache zunächst daran scheitert.

Souad schreibt in diesem Text, dass sie keine emotionale Rhetorik benutzen möchte, und ich habe sie gefragt, was genau sie damit meint. Sie hat mir zurückgeschrieben, dass sie die Wahrnehmung und das Denken der Leser*innen nicht manipulieren will, weil es eben offensichtlich das ist, was die Politik und was auch die Medien tun, wenn es um diesen Krieg in Syrien geht. Es wird also ein intensives Gespräch. Ich bin sicher. Und wenn wir erst einmal verstanden haben, wie wir die englische Sprache gebrauchen – wir kommunizieren beide auf Englisch, beide benutzen wir dieses Englisch aber sehr verschieden – wenn wir also verstanden haben, wie wir dieses Englisch gebrauchen, dann bin ich sicher, werden wir auch bald über Texte reden.

Souad Alkhateeb

Catherine Deneuve sieht mir nicht ähnlich

Tote treiben keine Knospen und stellen keinen Aprikosensaft her, aber sie haben unendlich viel Zeit, eine Aussage wie »Catherine Deneuve sieht mir nicht ähnlich« zu erklären. Die Tote bin ich.

Sie zerrten mich an jenem Tag nach draußen, an dem ich eigentlich mehr hätte wachsen sollen als je zuvor. Eine schwere Hand riss mich aus dem Schlaf. Ich konnte nicht gleich erkennen, zu wem sie gehörte. Die Hände in unserem Haus sahen alle erstaunlich gleich aus.

Dann legte mein Vater seine Hand auf meinen Mund und bedeutete mir mit seinen hervorstehenden Augen, keinen Laut von mir zu geben. Meine Mutter tauchte wie eine Schattenspielfigur hinter ihm auf und gab mir mit seltsamen Gesten zu verstehen, dass sie mit allem einverstanden war.

Mir kamen die Erzählungen meiner Tante in den Sinn. War ich vielleicht beim Schlafwandeln ausgerutscht und in eine ihrer fantasievollen Geschichten geschlittert?

In den letzten Tagen hatte mein Körper mit all seinen Teilen mein Denken beherrscht. Ich war wie eine Pappel in die Höhe geschossen und ragte auf meinem Platz in der Klasse immer mehr heraus. Keiner meiner Mitschüler konnte mit mir mithalten. Mein blondes Haar wuchs wie wilde Lilien.

Der kräftige Stoß, der mich in den Stall beförderte, war schrecklich genug, um genau in die Geschichte zu passen, die sich in meiner Fantasie entspann.

Nach dem Verhör im Stall, das bis zum Morgengrauen dauerte und meine Eltern davon zu überzeugen schien, dass ich unberührt war, wurde ich sofort in die Praxis der Frauenärztin gebracht. Sie nahm meiner Geschichte mit Worten, die ich damals nicht verstand, kaltblütig die Spannung: »Sie ist ziemlich früh dran mit der Menstruation …«

Majd Suliman / Ohne Titel,
Anfertigung zum Text, Mixed Media (2017)

»Bis jetzt warst du ein kleines Mädchen und noch nicht wirklich verantwortlich für deine Taten, doch jetzt setzt dir Allah zwei Engel auf die Schultern, die alles, was du tust, genau beobachten werden.« Während meine Mutter diese Worte sagte, legte sie ein Tuch auf meine blonden Lilien. Mein Körper erschauerte unter dieser Kopfbedeckung und gab in diesem Moment die Absicht auf weiterzuwachsen. Das geschah an jenem Tag, an dem ich der Größe von Catherine Deneuve hätte näher kommen sollen.

Meine Mutter kehrte zu ihrer täglichen Arbeit in der Landwirtschaft zurück, ohne mir zu erklären, wie ich den Blutfluss zwischen meinen Beinen dämmen sollte. So nahm ich das erstbeste Stückchen Stoff, das mir in die Hände fiel – einen Strumpf mit dem Geruch von verdorbenem Käse.

Meine erste Geschichte endete damit, dass man mich mit den beiden dummen Engeln allein ließ, die nun die ganze Zeit auf meinen Schultern saßen, Sonnenblumenkerne kauten und ihre Nasen in die intimsten Bereiche meines Körpers steckten. Dann versandten sie verlogene Berichte, die jedoch kaum einen nennenswerten Einfluss auf mein Leben hatten – bis zu dem Tag, an dem ich das süße Leben der Studenten kennenlernte und darüber die Landwirtschaft vergaß. Und damit begann meine zweite Geschichte.

* * *

Ich fühlte mich immer als Bäuerin, die ihre Freizeit mit Vorlesungen füllte. Das sprühende Leben aus den Büchern war versteckt in meinem Denken eingelagert. Es kam mir vor wie ein Feuerwerk aus der Hochzeitssaison, das mit der Wirklichkeit wenig zu tun hatte. Ich sprach über dieses Leben nur, wenn die anderen Studierenden und ich debattierten und mit unserem Wissen prahlten. In Gedanken bereitete ich mich aber schon darauf vor, meine Schüler damit zu beeindrucken, falls ich einmal das Glück haben sollte, eine Stelle als Lehrerin zu erhalten. Doch dann forderten mich ein paar Kommilitonen auf, einem Filmklub beizutreten, und meine Zukunftspläne zerschlugen sich.

Von den drei Filmen, die ich zu sehen bekam, strengte mich *Belle deu Jour – Schöne des Tages* von Luis Buñuel am meisten an. Luis Buñuel, der stille Beobachter, schaute verstohlen auf meinen Körper und ließ in den erotischsten Szenen seine Blicke zwischen mir und Catherine Deneuve hin und her wandern. Dabei entdeckte er, dass Catherine Deneuve mir sehr ähnlich war.

Da beschloss mein Körper, doch weiterzuwachsen. Die heiligen Gebote meiner Mutter für die Verhaltensweisen eines Mädchens kümmerten ihn nicht mehr. Ich zeigte auf meine zu kurz gewordenen Hosenbeine und zwinkerte Buñuel zu: »Kaum zu glauben, welchen Einfluss das Kino auf die Physiologie hat!«

Catherine Deneuve wäre mir sehr ähnlich gewes– ..., wenn die beiden Engel auf meinen Schultern nicht ihren Sicherheitsbericht an meinen Vater geschickt hätten. So zerrte er mich mitten aus dem Kreise meiner Freunde heraus in den Suzuki, während sich ein Organ meines Körpers zu wehren begann und alle anderen Organe sich diesem einen anschlossen.

»Du verdirbst den Film ... der Versuch ist noch nicht zu Ende«, rief Buñuel und bedeutete mir, auf meinen Platz zurückzukehren.

* * *

Hätte die DVD nicht wie ein Geldstück in der Lehmfurche gefunkelt, wäre der Tag, an dem der Verkäufer des aleppinischen Zatar-Gewürzes zu uns kam, ein ganz normaler Donnerstag gewesen. Die Bauern der Ghuta waren gerade dabei, schmale Rinnen zwischen den Auberginensetzlingen zu ziehen, als sie plötzlich aus ihren Gärten zusammenliefen und auf den gewundenen Weg durch die Gärten zeigten, die hinter den Pappeln und Weiden lagen.

»Der Zatar-Verkäufer ist da, der Zatar-Verkäufer ist da.«

Trotz der weiten aleppinischen Hose und der bestickten Kopfbedeckung war er leicht zu erkennen: Seine großen, hervortretenden Augen verrieten den stillen Beobachter. »Woher in aller Welt weiß Buñuel, wo ich mich aufhalte?«, dachte ich und überlegte davonzulaufen.

Während er Zatar und Lorbeerseife gegen Walnüsse eintauschte, versuchte er, die *Belle de Jour*-DVD in die Tasche meiner Dschilbab zu stecken. Doch sie fiel herunter und funkelte wie ein Geldstück in der Lehmfurche. Einer meiner Onkel bemerkte den Skandal und richtete die Unkrautspritze auf Buñuel. Die anderen Bauern folgten dem Geschehen mit Erstaunen, hielten sich jedoch nicht lange mit Fragen auf und kamen sofort zu der Einschätzung, dass es sich hier um ein Ehrenverbrechen handelte, dem man auf diese schnelle und einfache Weise begegnen musste. Die aufeinanderfolgenden Spritzer brachten Buñuel zu Fall; er wand sich wie ein Wurm und hauchte zwischen den reifen Setzlingen sein Leben aus.

Die Ghuta erzitterte, als Buñuel samt seinen Kinofiguren verschied. Seiner Seele folgten Fahnenträger und Sammler von Altertümern, Sufis und Masochisten, Chronisten von angeblichen Ruhmestaten und Trommler, Klagende und Lobpreisende, Poeten und Propheten, Prostituierte und Figuren aus Schwarzweißfilmen. Die Menge dehnte sich aus, bedeckte bald die Ghuta und bewegte sich in Richtung Kafersouseh, Mazzeh und Rukun Eldin.

Inmitten all dieses Geschehens überkam mich eine seltsame Faszination. Mein Körper gab sich ihr hin und begann zu wachsen wie ein märchenhafter Farn. Catherine Deneuve, deren Schulter die meine berührte, fasste mich an der Taille und drückte sie leicht. Dieses Mal hätte sie mir tatsächlich sehr ähnlich gesehen, wenn mich nicht ein paar Hungrige in ein Allradauto mit einer Tonne Ghuta-Auberginen gezerrt hätten, aus denen sie auf die übliche Weise Makdus herstellen wollten, indem sie die Auberginen zunächst kochten und dann das Wasser herauspressten.

Sie legten sich diese Vorräte in dunklen Kellern an. Aus

den Menschen, die aus Versehen zwischen die Ghuta-Auberginen geraten waren, kam jedoch kein Wasser, sondern Blut, was nicht anders zu erwarten war ... Ich weiß nicht, warum ich das überhaupt erwähne.

Zu »dieser Nachtzeit« – diese Zeitspanne borge ich mir von Shakespeare, weil sie die unerwartete und doch seit langem geplante Tat, das Ertränken des Opfers im Weinfass, offenbart –, zu dieser Nachtzeit also wurden die Leute im Keller in einer roten Flüssigkeit ertränkt. Ich hörte leises Stöhnen aus dem Inneren der Erde, die mit schlaffen Körpern und erloschenen Augen bedeckt war.

Während Catherine Deneuve auf meinen vom Hidschab befreiten Kopf und auf meinen nackten Körper zeigte und darauf bestand, dass wir uns ähnlich sähen, füllte das Blut die Lücken zwischen den Körpern, vermischte sich und wurde zu einem Menschenmus, das den Boden des Kellers bedeckte. Ich sah mir dabei zu, wie ich mich von meinem Fleisch und Blut trennte. Von allem übrig blieb nur eine Nummer, die man mir gegeben hatte – am Tag, an dem mir Catherine Deneuve nicht ähnlich sah.

Aus dem Arabischen von Kerstin Wilsch

Ramy Al-Asheq UND
Monika Rinck

Ramy Al-Asheq und Monika Rinck gehören zu den
seltenen Menschen, die gleichzeitig euphorisch
und kritisch denken.

Monika Rinck

Gedichte übersetzen

Der offene, ungeformte Raum zwischen zwei Sprachen besteht aus Aufmerksamkeit – sowohl auf das Fremde wie auf das Vertraute. Als Vermittlungsinstanz dient uns das Englische. Hinzu kommen Zeichnungen, Handbewegungen, Mimik und Gestik, Beispiele, Erinnerungen, einige Zigaretten und literweise Tee. Aber die wichtigste Zutat ist wohl die Zeit, die diese Arbeit benötigt. Und noch immer sind die deutschen Übersetzungen in Bewegung, gibt es Stellen, wo irgendwo am Horizont eine bessere, noch unkonturierte Übersetzung aufscheint, von der ich ahne, dass es sie gibt, die ich aber noch nicht erkennen kann. Sie ist ein Zwischenwesen, der Horizont verläuft in der Mitte des Tisches, an dem Ramy Al-Asheq und ich uns gegenübersitzen.

Das arabische Wort »thronen« kann auch Efeubewuchs an einer Hauswand heißen, ja? Was genau ist hier mit Normalität gemeint? In welche Richtung neigt sie sich? Lange saßen wir über der Zeile
ويكادُ يبكي الأنبياءُ من التجنّي, die auf Englisch lautete: »Prophets almost cry of victimization.« Victimization? Schließlich entschloss ich mich, zum größtmöglichen Begriff auf diesem Feld Zuflucht zu nehmen: Unrecht. Aber das soll noch nicht das letzte Wort sein.

Manche Bilder entfalten in der einen Sprache eine größere Drastik, werden zu Überbietungsbildern, die aus dem Gesamtzusammenhang in der Sprache weiter herausragen als in einer anderen. Im Verlauf der Arbeit melden sich schmerzhafte Fragen auf der Suche nach dem besten Wort. Mit dem Begriff der Angemessenheit kommt man ihnen nicht immer bei. Es darf nichts beschönigt werden, aber dennoch geht es auch um Schönheit. Das ist die Schwierigkeit. Aber sie ist nicht frivol, da es eben nicht nur um Schönheit geht, angesichts von Gedichten, die von Gewalterfahrungen zeugen. Die bessere Frage wäre vielleicht: Worin besteht sprachliche Integrität? Und wie lässt sie sich je in der Übersetzung verwirklichen?

Die Gedichte von Ramy Al-Asheq, die wir bislang übersetzt haben, sind lang. Die Länge der Texte gibt Raum für Permutation, Lamento, Wiederholung, Drehung, Raum für die geringste Bewegung, die vielleicht ein Anfang sein kann. So dass sich selbst im Ausweglosen etwas wie eine Weite herstellt und eine Distanz, von der aus ich das Geschehen besser begreifen kann als aus nächster Nähe. Es scheint mir, je härter die Zeit, desto mehr ist man auf diese Räume angewiesen, doch desto schwieriger ist es gleichfalls, sie zu errichten und zu halten. Die Form eines Gedichtes ist bereits ein Verweis auf eine gewisse Distanzierung. Und die bearbeitete, die poetische Sprache ist dann ein Speicher der Zeit, die es brauchte, sie hervorzubringen. Die Zeit, die da hineingegangen ist, gebündelt, als Geschenk an die Leser.

Die Grenzen zwischen dem Geschehen und dem Beobachter, dem, der es aufzeichnet und ihm eine poetische Form gibt, der das Geschehen bearbeitet und in Form bringt, sind zuweilen ein sehr trauriges Terrain. »Wer ist es, der uns bewegt?/ Weißt Du es?/Und wüsstest Du es,/wie könntest Du ein einziges Wort sagen nach all dem Tod?« So heißt es in dem Gedicht »Niemand bemerkte deinen Tod«.

Ich erinnere mich an ein Interview mit Ilse Aichinger, in dem sie gefragt wurde, ob sie, als sie mit 25 Jahren, kurz nach dem Zweiten Weltkrieg, zugunsten der Arbeit an ihrem ersten Roman, unter dem Eindruck der Judenvernichtung des NS, ihr Medizinstudium aufgab – ob sie sich damals entschlossen habe, Schriftstellerin zu werden. Und sie antwortete: »Ich wollte nur die Sprache finden.« Und ich fürchte, solange Gewalt herrscht, muss die Sprache, sie zu beschreiben, immer wieder neu gefunden werden. Im Moment der Gewalt existiert sie nicht mehr und vieles lässt sich nicht mehr sagen wie bisher. Fast ebenso wichtig ist es, diese Sprache zu übersetzen. Denn die Gewalt, die anderswo in der Welt herrscht, geht auch diejenigen an, die in Frieden leben.

Ramy Al-Asheq

Was Wikipedia nicht über Monika Rinck weiß

Seit ich in Köln lebe und *Abwab* herausgebe, habe ich den Dichter in mir ein bisschen aufgegeben. Wenn man als Journalist arbeitet, klaut einem das nicht nur die Zeit, sondern auch die Energie, den Kopf und die Zeit.

Einige meiner Prosatexte sind ins Deutsche übersetzt, aber nur zwei meiner Gedichte. Meine deutschen und Schweizer Übersetzer erklären mir das so: »Lyrik ist so schwierig zu übersetzen«, »Niemand liest heutzutage Lyrik«, »Vielleicht solltest du lieber einen Roman oder ein Theaterstück schreiben«, »Deutsche Verlage und Leser interessieren sich nicht für arabische Gedichte«.

Ich war kurz davor, mich damit abzufinden, dass nur meine Prosa übersetzt werden würde und meine Gedichte weiterhin nur in meiner Muttersprache zu lesen sein würden. Doch dann, letzten Monat, schrieb mir Annika Reich eine E-Mail, in der sie mich fragte, ob ich Monika treffen wolle, um mit ihr über meine Texte zu diskutieren. Sie würde meine Partnerin für *Weiter Schreiben* werden. Annikas Nachricht war ein bisschen seltsam. Wer war Monika? Mehr stand da nicht. Ist sie Übersetzerin? Lyrikerin? Kritikerin?

Ich entdeckte dann doch noch den Nachnamen in der Mail. Rinck ... Monika Rinck ... Ich bin sofort auf Wikipedia gegangen. Auf Wikipedia stand, dass Monika Rinck eine deutsche Dichterin ist. Ich las von ihren Publikationen, Übersetzungen und Preisen und dass sie einen Tag nach mir Geburtstag hat. Aber sehr viel mehr stand nicht auf Wikipedia über Monika Rinck. So wusste Wikipedia zum Beispiel nicht, dass Monika Kaffee mit Milch trinkt und nicht schwarz wie ich. Es wusste nicht, dass wir den gleichen Kalender benutzen und Monika sich mit arabischer Lyrik auskennt.

Woher sollte Wikipedia auch wissen, dass Monika Ibn Arabi liest?

Bevor wir uns trafen, hatte ich ihr ein paar meiner Texte geschickt. Monika kam auf dem Fahrrad zu unserem Treffen. Sie hatte zwei Wörterbücher dabei. Kaum hatten wir uns hingesetzt, holte sie zwei ausgedruckte Gedichte von mir heraus, legte sie vor mich auf den Tisch und fragte mich, welches ich denn lieber möge. Ich sagte: »Dieses!« Wir waren uns einig.

Sie öffnete ihren Laptop und begann sofort mit dem Übersetzen. Wir saßen von zehn Uhr morgens bis zwei Uhr mittags zusammen. Unser Treffen war zu einem Workshop geworden. Vier anstrengende Stunden Arbeit für Monika. Ich saß nur da und schaute zu. Ich war überrascht. Erwartet hatte ich eine Diskussion über Poesie und Übersetzung, die Schwierigkeit, einen Verlag zu finden, oder die Möglichkeiten, in Literaturzeitschriften zu veröffentlichen. Aber Monika füllte diese vier Stunden mit so viel Energie, dass ich sogar vergaß zu rauchen.

Als wir uns trennten, war Monika müde. Sie musste noch für eine Reise packen, die sie am nächsten Tag antreten wollte. Und ich trug das Langgedicht, das Monika mir in ihrer Sprache geschenkt hatte, auf dem Rücken nach Hause.

*Razan Sabbagh / aus der Serie »where to appear?«,
Mixed Media (2016)*

Ramy Al-Asheq

4 Gedichte

1.
Es kommt vor, dass dir eine Frau gefällt,
die herabhängt aus dem Paradies
die Hand aus Feuer ausgestreckt.
Es kommt vor, dass du hängst
wie eine blinde Lampe
ohne Licht
ohne Familie
ohne Traum.
Ein unsichtbares Seil spannt sich von ihrer Hand
– zum Hals
deinem Hals.
Lass dich also noch mehr hängen und du bist gerettet.
Es kommt vor, dass du an einem Sommertag fällst
in den Fluss
gesäumt von Amsterdams Schönen und weniger Schönen
Brüste, Brüste, Brüste
Fenster in Rot
Anmut in Rot
Frauenhändler
Rauch
rot, rot, der Fluss verfärbt sich
seine Lippen erröten
hinter Glas winkt eine Frau, sie ähnelt mir
ähnelt dir
ähnelt uns
Exilierten, Entführten, Spiegelberaubten.
Matrosengeruch an den Wänden
in meinem Ohr Stimmen von Frauen
ohne Scheu vor Liedern für andere Tonlagen.
Schwanger ist der Platz
von der Erde der Soldaten, aus dem Krieg tot heimgekehrt

Gefallene, Mörder
Touristen in arabischer Tracht
Gefallene, Mörder
der Fluss leckt sich die Lefzen
hat seine Würde zurückbekommen von der Nacht
das Rot steigt, erhellt die sommerliche Dunkelheit, steigt
weiter
und ich ...
bin exiliert, spiegellos.
Hinter Glas sehe ich sie – eine Frau, die mir ähnelt
ich kenne sie, sie kennt mich
Menschen ziehen an uns vorbei
ich ziehe an ihnen vorbei
hinter Glas zeigt sich die Vergangenheit, winkt
eine Frau, hängt herab aus meinem Herzen
nackt, tanzt
schaut mich an
ich habe gerötete Wangen wie der Fluss
sie tanzt
ich tanze
sie fragt mich: Woher kommst du?
Ich tanze
sie fragt, ich zittere wie ein Zweig
ich hänge
die Vergangenheit schwappt über, ich erwache
ich sehe mich – eine Frau, die ihr ähnelt
ich frage sie: Woher kommst du?
Der Fluss tritt über die Ufer
Schiffe sterben
Touristen entblößt
die Wolken Gottes erröten, enthüllen rote Nacktheit
er hängt
tanzt
fragt uns: Woher kommt ihr?
Amsterdam setzt sein Lachen auf für den nächsten
Tag.

2.
Machst du Schluss mit einem Mann,
dann wasch dir
die Spuren seiner Gedichte
von den Lippen,
wisch von seinem Hemdkragen
dein Blut
und sieh zu,
wenn du die Trennung aussprichst,
es nicht im Urlaub, am Feiertag oder zu einem besonderen Anlass zu tun,
gestehe dem Abschied sein Recht zu,
das Alltägliche umzuwandeln
in einen
Karneval.

3.
Was, wenn ich mit dem Fluss spräche
und dem Angler eingäbe,
mit der Rute die Trauer zu teilen?
Was, wenn ich auf dem Wasser ginge?
Die Seherin prophezeite:
Dann werden die Dichter den Verstand verlieren.
Was, wenn ich meinen Kindern sagte,
ihr Vater sei vom vielen Auf-die-Uhr-Schauen gestorben?
Die Seherin blieb still.
Was, wenn der Fluss mir die Geheimnisse der Dichter
einflüsterte
und ich ihm erzählte
vom Leberfleck an der Brust einer einsamen Frau
von meinem Gesicht, wenn ich die Kriegswunder deute
und das Gedicht wie eine Frau zu mir kommt?
Dann verliert der Fluss den Verstand.
Und was, wenn ich zu Gott spräche?
Dann verliert er den Verstand.

4.
Ich bin nur die Hälfte meines Lichts
die andere Hälfte
ist Abwesenheit

Aus dem Arabischen von Leila Chammaa

*Moshtari Hilal / Ohne Titel,
Anfertigung zum Text, Illustration, Tusche auf Papier (2018)*

Ramy Al-Asheq

Den Dichtern folgt nur ihre Traurigkeit

Den Dichtern
folgt nur ihre Traurigkeit

Sie erwacht wie ein Funke an Fingerspitzen
und schläft ein
wischt man eine Träne
fort
mit den Fingerspitzen

Geboren wird sie
unbefleckt
bevor die Sprache sie überfällt
und benennt

Sie tritt ein mit dem Wind
und fährt aus mit der Seele

Sie altert allein
Ein Loch das seine Familie verschlingt
und niemanden wieder ausspuckt
Sie schläft im Nachthemd
Wärmt sich an Erinnerungen
Wächst mit der Einsamkeit
Geht zur Schule
Fängt eine Beziehung an
Lebt im Schlafzimmer
Geht morgens zur Arbeit
Macht Urlaub am Meer
Malt ein Bild

Nistet in einem Gedicht
Reist ohne Pass

Als der Mensch die Traurigkeit nach seinem Bilde schuf
vergaß er sie weinen und vergehen zu lassen

Aus dem Englischen von Lilian Pithan

Anhang

Autorinnen und Autoren

Galal Alahmadi
*1987, ist ein in Saudi-Arabien geborener Jemenit, der jetzt in Düren lebt. 2010 gewann er den »Preis des Präsidenten« auf lokaler, ein Jahr später auf nationaler Ebene. 2014 wurde er mit dem Abdulaziz-Al-Makaleh-Preis ausgezeichnet. Im August 2017 erhielt er den renommierten Mohammed-Afifi-Matar-Preis in Kairo. Er arbeitet als Journalist und Redakteur für verschiedene arabische Zeitungen und Magazine. Bis 2016 war er Literaturstipendiat der Heinrich-Böll-Stiftung. Er hat vier Gedichtbände auf Arabisch veröffentlicht.

Ramy Al-Asheq
ist ein syrisch-palästinensischer Lyriker, Journalist und Kurator. Al-Asheq hat drei Gedichtbände auf Arabisch veröffentlicht. Seine Texte wurden in verschiedenen Anthologien und Literaturzeitschriften auf Bosnisch, Deutsch, Englisch, Französisch, Kurdisch und Spanisch veröffentlicht. Einige seiner Gedichte wurden in Liedern, Performances und in Werken der bildenden Kunst umgesetzt. 2014 kam Al-Asheq mit einem Autorenstipendium der Heinrich-Böll-Stiftung nach Deutschland. Ein Jahr später wurde er von der Al-Qattan Stiftung in Ramallah mit einem Literaturpreis ausgezeichnet. Ende 2017 lancierte Al-Asheq das deutsch-arabische Kulturmagazin *FANN*. Außerdem ist er Kurator für das Literaturhaus Berlin und Mitgründer der arabisch-deutschen Literaturtage Berlin. 2018 erhielt er ein Literaturstipendium der Akademie der Künste in Berlin sowie zwei Aufenthaltsstipendien für das Künstlerhaus Lukas (Ahrenshoop) und das Künstlerdorf Schöppingen. www.alasheq.net

Omar Al-Jaffal
*1988 in Bagdad/Irak, lebt in Düren. Al-Jaffal ist ein Journalist und Schriftsteller. Er veröffentlichte zwei Gedichtbände, u. a. das preisgekrönte Buch *The Betrayal of Miss Life* (2000). Seine Gedichte sind in sieben Sprachen übersetzt. Er ist Mitglied von »The Iraqi House of Poetry« und Herausgeber des Literaturmagazins *Bayt*. 2017 wurden seine journalistischen Arbeiten mit dem Mustafa Al-Husseiny Prize für den besten jungen arabischsprachigen Artikel ausgezeichnet, Al-Jaffal stand auf der Shortlist des Arab Journalism Award. Außerdem ist er stellvertretender Direktor des Iraqi Observatory of Human Rights. Al-Jaffal ist Heinrich-Böll-Stipendiat und tritt 2019 ein Stipendium der Akademie Schloss Solitude an.

Souad Alkhateeb
wurde in Suweida/Syrien geboren und lebt in Strömsund/Schweden. Sie arbeitete in Syrien als Voice-over-Sprecherin, Schauspielerin, Puppenspielerin, Regisseurin und Radiotrainerin. Alkhateeb veröffentlichte vier Lyrikbände und zahlreiche Erzählungen, Theaterstücke und Drehbücher. Außerdem war sie als Theatertherapeutin tätig.

Ali Al-Kurdi
*1953 in Damaskus/Syrien, lebt in Weimar. Al-Kurdi ist ein palästinensischer Schriftsteller und Journalist. 1996–2007 leitete er das Feuilleton des Politik-Kultur-Magazins *Al Hadaff*. 2003–2007 war er Geschäftsführer des Forschungszentrums Al Ghad al Arabi in Damaskus. Für Al Jazeera edierte er zahlreiche Dokumentarfilme. Nach der Veröffentlichung eines Kurzgeschichtenbandes erschien 2010 sein Roman *Shamaya Palast*. Als politischer Gefangener verbrachte er zehn Jahre im Gefängnis.

Lina Atfah
*1989 in Salamiyah/Syrien, lebt seit 2014 in Herne. Atfah hat in Damaskus Arabische Literatur studiert. Sie hat für verschiedene Zeitungen und Kulturmagazine geschrieben und einen Gedicht-

band mit dem Titel *Am Rande der Rettung* veröffentlicht. Als Autorin, die sich von Beginn an mit sozialen und politischen Fragen auseinandergesetzt hat, geriet Lina Atfah immer mehr in Konflikt mit dem Assad-Regime.

2017 nahm sie an einem Übersetzerworkshop in Edenkoben teil, im Rahmen dessen syrische und deutsche Autor*innen zusammenarbeiteten und aus dem 2018 die Anthologie *Deine Angst – Dein Paradies* entstand. Nach einer Nominierung von Nino Haratischwili bekam sie 2017 den Hertha-Koenig-Nachwuchspreis.

Kristine Bilkau
*1974, studierte Geschichte und Neuere Deutsche Literatur in Hamburg und New Orleans. Ihr Debütroman *Die Glücklichen* erschien 2015, wurde mit dem Literaturförderpreis Hamburg und dem Klaus-Michael-Kühne-Preis ausgezeichnet und für die Bühne der Münchner Kammerspiele adaptiert, 2018 erschien ihr zweiter Roman *Eine Liebe, in Gedanken*. Sie lebt mit ihrer Familie in Hamburg.

Nora Bossong
*1982 in Bremen, studierte in Berlin, Leipzig und Rom. 2011 erschien der Gedichtband *Sommer vor den Mauern*, später die Romane *Gesellschaft mit beschränkter Haftung* (2012) und *36,9 Grad* (2015) sowie die Reportage *Rotlicht* (2017). 2018 erschien ihr Gedichtband *Kreuzzug mit Hund*. Sie wurde u. a. mit dem Peter-Huchel-Preis, dem Roswitha-Preis und dem Kunstpreis Berlin ausgezcichnet.

Tanja Dückers
*1968 in Westberlin, ist Schriftstellerin, Publizistin und Literaturwissenschaftlerin. Zu ihren Werken zählen die Romane *Himmelskörper*, *Der Längste Tag des Jahres*, *Spielzone* und *Hausers Zimmer*. Außerdem der Erzählungsband *Café Brazil*, zwei Essaybände sowie vier Lyrikbände, zwei Kinderbücher und zwei Theaterstücke. Zuletzt erschien der autobiographisch gefärbte

Rückblick *Mein altes West-Berlin*. Tanja Dückers schreibt regelmäßig über gesellschaftspolitische Themen, u. a. für *ZEIT Online*, *Tagesspiegel*, Deutschlandradio, Goethe.de, *Politik & Kultur*, *Kulturaustausch*, *ai-journal* (Amnesty International) und *Jungle World*. Sie ist Referentin auf vielen Foren und Podien und leitet Schreibwerkstätten im In- und Ausland. Tanja Dückers hat mehrfach in den USA im Fachbereich Germanistik/German Studies gelehrt. Sie lebt mit ihrer Familie in Berlin.

Lena Gorelik
*1981 in St. Petersburg, kam 1992 mit ihrer Familie nach Deutschland. Mit ihrem Debütroman *Meine weißen Nächte* (2004) wurde sie als Entdeckung gefeiert, mit *Hochzeit in Jerusalem* (2007) war sie für den Deutschen Buchpreis nominiert. Ihr Roman *Die Listensammlerin* (2013) wurde mit dem Buchpreis der Stiftung Ravensburger Verlag ausgezeichnet. 2015 erschien *Null bis unendlich*, 2017 *Mehr Schwarz als Lila*. Die Autorin und Essayistin lebt in München.

Olga Grjasnowa
*1984 in Baku, Aserbaidschan, längere Auslandsaufenthalte in Polen, Russland, Israel und der Türkei. Für ihren vielbeachteten Debütroman *Der Russe ist einer, der Birken liebt* wurde sie mit dem Klaus-Michael-Kühne-Preis und dem Anna-Seghers-Preis ausgezeichnet. 2014 erschien *Die juristische Unschärfe einer Ehe*. Beide Romane wurden für die Bühne dramatisiert und werden zurzeit verfilmt. 2017 folgte der Roman *Gott ist nicht schüchtern*.

Annett Gröschner
*1964 in Magdeburg, lebt seit 1983 in Berlin. Sie studierte Germanistik in Berlin und Paris und ist Schriftstellerin, Journalistin, Dozentin und Performerin. Bekannt wurde sie vor allem mit ihren Romanen *Moskauer Eis* (2000) und *Walpurgistag* (2011). Sie veröffentlicht Lyrik, Prosa, Dokumentarliteratur, Radiofeatures und Theaterstücke und war an zahlreichen interdisziplinären Ausstellungen beteiligt. Seit 2015 ist sie Gastprofessorin für

Kulturjournalismus an der Universität der Künste Berlin. Annett Gröschner erhielt zahlreiche Stipendien und Preise, u. a. den Brandenburg-Lotto-Literaturpreis (2012), ein Aufenthaltsstipendium in der Casa Baldi in Olevano, Italien (2013), Writers-in-Residence-Aufenthalte in Helsinki und Rotterdam und zuletzt den Kunstpreis Berlin Literatur 2017 der Akademie der Künste Berlin-Brandenburg.

Rasha Habbal
*1982 in Hama/Syrien, lebt in Trier. Habbal ist bisher vor allem als Lyrikerin in Erscheinung getreten und schreibt gerade ihren ersten Roman. Von ihr erschienen 2014 ein Gedichtband auf Arabisch und mehrere Texte in deutschsprachigen Anthologien. 2018 bekam sie das erste Berliner Torschreiber-Stipendium.

Rabab Haidar
lebt in Damaskus/Syrien und studierte Geistes- und Literaturwissenschaften mit Schwerpunkt englische Literatur. Nach ihrem Studium arbeitete sie als Stewardess und Sicherheitsberaterin für Gulf Airline, danach als Übersetzerin. Als Kolumnistin schreibt sie für verschiedene Zeitschriften und Magazine. 2019 hat sie das Heinrich-Böll-Stipendium bekommen.

Nino Haratischwili
*1983 in Tbilissi, ist preisgekrönte Theaterautorin und -regisseurin. 2010 wurde ihr der Adelbert-von-Chamisso-Förderpreis verliehen. Ihr Romandebüt *Juja* (2010) war auf der Longlist des Deutschen Buchpreises sowie auf der Shortlist des ZDF-*aspekte*-Literaturpreises und gewann 2011 den Debütpreis des Buddenbrookhauses Lübeck. Im selben Jahr wurde sie für ihren zweiten Roman *Mein sanfter Zwilling* mit dem Preis der Hotlist der unabhängigen Verlage ausgezeichnet. Für ihren letzten Roman *Das achte Leben (Für Brilka)* erhielt sie 2014 das Grenzgänger-Stipendium der Robert Bosch Stiftung sowie den Literaturpreis des Kulturkreises der Deutschen Wirtschaft und den Anna-Seghers-Preis. Nino Haratischwili lebt in Hamburg.

Yamen Hussein
*1984 in Homs/Syrien, lebt in Leipzig. 2014 kam er als Stipendiat des Writers-in-Exile-Programms nach München. Seine Flucht von Syrien über den Libanon und die Türkei nach Deutschland verarbeitet er in dem in Kürze erscheinenden Lyrikband *3439 km*. 2017 erschienen mehrere Gedichte von ihm in der P. E. N.-Anthologie *Zuflucht in Deutschland. Texte verfolgter Autoren* und 2018 erschien sein erstes Buch auf Deutsch, ein Austausch zwischen Hussein und dem Dichter Said aus Teheran: *Salam Yamen – Lieber Said*.

Fady Jomar
*1979 in Damaskus/Syrien, lebt in Berlin. Er hat Betriebswirtschaftslehre studiert und ist seither als Lyriker, Liedtexter und Journalist tätig. Er war Herausgeber des Online-Portals und Kulturchef von *Abwab*. Die Oper *Kalila Wa Dimna*, für die er das Libretto geschrieben hat, wurde auf dem Aix-en-Provence-Festival aufgeführt. Außerdem hat er zahlreiche Songtexte für arabische Sänger geschrieben. Demnächst erscheint eine Poesie-Sammlung auf Arabisch.

Noor Kanj
*1990 in Suweida, in dem zum Großteil von Drusen bewohnten Teil von Syrien, lebt in Düren. Kanj hat Informatik und Wirtschaftswissenschaften studiert. 2014 flüchtete sie aus Syrien in den Libanon und von dort aus mit einem Stipendium der Heinrich-Böll-Stiftung nach Deutschland. Kanj publizierte Lyrik auf Arabisch. Sie nahm am »VERSschmuggel« des Hauses für Poesie, am Internationalen Literaturfestival Berlin und Bremen teil und veröffentlichte ihre ersten Texte in der Anthologie des Secession Verlags *Hier sein – weg sein*. Außerdem wurde sie vom Goethe-Institut Toronto zu einer Lesung eingeladen.

Ahmad Katlesh
*1988 in Damaskus/Syrien, lebt in Düren. Er ist als Schriftsteller, Sprecher und Journalist weltweit für Kulturmagazine, For-

schungseinrichtungen und Zeitungen tätig. Mit seinem Soundcloud-Kanal TIKLAM erreichte er 2018 die Marke von 4,5 Millionen Klicks. Zuletzt realisierte er mehrere Performances mit dem Theater Düren und der Heinrich-Böll-Stiftung. Katlesh ist Stipendiat des Heinrich-Böll-Hauses in Langenbroich und wird gefördert durch die NRW-Stiftung.

Martin Kordić
*1983, lebt in München. Für seinen ersten Roman *Wie ich mir das Glück vorstelle* erhielt er 2015 den Adelbert-von-Chamisso-Förderpreis und die Alfred-Döblin-Medaille.

Michael Krüger
*1943 in Wittgendorf/Sachsen-Anhalt, lebt in München. Er war viele Jahre Verleger des Carl Hanser Verlags und Herausgeber von *Akzente* und der Edition Akzente. Er ist Mitglied verschiedener Akademien, u. a. Präsident der Bayerischen Akademie der Schönen Künste und Autor mehrerer Gedichtbände, Geschichten, Romane und Übersetzungen. Zuletzt erschienen der Erzählband *Der Gott hinter dem Fenster* und der Roman *Das Irrenhaus*. Für sein schriftstellerisches Werk erhielt er zahlreiche Auszeichnungen, u. a. den Peter-Huchel-Preis (1986), den Mörike-Preis (2006) und den Joseph-Breitbach-Preis (2010).

Svenja Leiber
*1975 in Hamburg, zog später in ein winziges norddeutsches Dorf, 1982 mit der Familie vorübergehend nach Saudi-Arabien. 1995 machte sie ihr Abitur in Lübeck, studierte anschließend Geschichte, Kunstgeschichte und Literaturwissenschaft in Berlin, unterbrochen von längeren Aufenthalten in Russland, Kunstreisen durch Europa, verschiedenen Jobs und den Geburten ihrer Töchter. Seit 2005 arbeitet sie als freie Autorin und veröffentlichte bis 2014 einen Erzählungsband (*Büchsenlicht*) und zwei Romane (*Schipino* und *Das letzte Land*), die in mehrere Sprachen übersetzt wurden. Sie wurde u. a. mit dem Förderpreis des Bremer Literaturpreises, dem Kranichsteiner Förderpreis, dem

Werner-Bergengruen-Preis und dem Arno-Reinfrank-Preis ausgezeichnet. 2018 erschien ihr dritter Roman (*Staub*), für den sie 2010 Syrien, Jordanien und Israel bereiste, im Suhrkamp Verlag. Sie lebt mit dem Künstler Ulf Aminde und den gemeinsamen Kindern in Berlin.

Ulla Lenze
*1973 in Mönchengladbach, lebt als freie Schriftstellerin in Berlin. Ihr Debütroman *Schwester und Bruder* (2003) wurde mehrfach ausgezeichnet, u. a. beim Bachmann-Wettbewerb. Sie war Writer in Residence in Damaskus, Istanbul, Mumbai und Venedig; Lesereisen führten sie 2016 nach Nordafrika, Iran und in den Irak. Zuletzt erschienen die Romane *Der kleine Rest des Todes* (2012) und *Die endlose Stadt* (2015). Für ihr Gesamtwerk wurde sie 2016 mit dem Literaturpreis des Kulturkreises der deutschen Wirtschaft ausgezeichnet.

Samuel Mago
*1996 in Budapest, lebt in Wien. Mago ist Schriftsteller, Musiker und Aktivist. Er stammt aus einer Roma-Familie mit mütterlicherseits jüdischen Wurzeln. Neben seinen literarischen Tätigkeiten engagierte er sich im Romano Centro und schreibt für die Zeitschrift *Nu*. 2015 erhielt er den Exil-Jugendliteraturpreis für seine Kurzgeschichte »zeuge der freiheit«. 2017 erschien sein Buch *glücksmacher*, das er mit seinem Bruder Károly schrieb.

Mariam Meetra
*1992 in Baghlan/Afghanistan, lebt in Berlin. Meetra studierte Journalismus und PR in Kabul. Die Schriftstellerin und Frauenrechtlerin ist Mitglied des afghanischen P. E. N. 2013 erschien ihr erster Lyrikband *Leben am Rand*. In Deutschland veröffentlichte sie u. a. in *die horen*.

Widad Nabi
*1985 in Kobani/Syrien, lebt in Berlin. Die syrisch-kurdische Schriftstellerin studierte Wirtschaftswissenschaften in Aleppo.

Sie veröffentlichte zahlreiche Texte in Zeitungen und Magazinen. In Deutschland publizierte sie u. a. in der *Berliner Zeitung*, *SPON*, *Kursbuch*, *ZON*. Ihr erstes Buch auf Deutsch erscheint dieses Jahr. 2018 bekam sie das erste *Weiter-Schreiben*-Stipendium Wiesbaden.

Monika Rinck
lebt und arbeitet in Berlin. Seit 1989 diverse Veröffentlichungen: 2012 erschien ihr Lyrikband *Honigprotokolle*, 2015 folgte *Risiko und Idiotie*. Rinck ist Mitglied im P. E. N.-Club, der Akademie der Künste Berlin und der Deutschen Akademie für Sprache und Dichtung. 2015 erhielt sie den Kleist-Preis, 2017 kuratierte sie die POETICA III in Köln. Sie übersetzt mit Orsolya Kalász aus dem Ungarischen, mit Uljana Wolf aus dem Englischen, kooperiert mit Musikern und Komponisten und lehrt von Zeit zu Zeit.

Salma Salem
ist das Pseudonym einer Schriftstellerin, die in Syrien lebt. Sie schreibt aus Sicherheitsgründen nicht unter ihrem richtigen Namen.

Saša Stanišić
*1978 in Višegrad in Bosnien-Herzegowina, lebt seit 1992 in Deutschland. Stanišić ist Autor zweier Romane und einer Kurzgeschichtensammlung. Er lebt und arbeitet in Hamburg.

Antje Rávic Strubel
lebt in Potsdam. Zu ihren Veröffentlichungen gehören die Romane *Fremd Gehen. Ein Nachtstück* (2002), *Tupolew 134* (2004), *Kältere Schichten der Luft* (2007), *Sturz der Tage in die Nacht* (2011) und *In den Wäldern des menschlichen Herzens* (2016). Ihr Werk wurde mit zahlreichen Preisen ausgezeichnet, u. a. dem Hermann-Hesse-Preis und dem Kritikerpreis der Akademie der Künste. Strubel lehrt regelmäßig am Deutschen Literaturinstitut und übersetzt aus dem Englischen und Schwedischen. Von ihr

sind außerdem eine *Gebrauchsanweisung für Schweden*, eine *Gebrauchsanweisung für Potsdam und Brandenburg* und eine *Gebrauchsanweisung fürs Skifahren* erschienen.

David Wagner
*1971, lebt in Berlin. Sein Roman *Leben* wurde mit dem Preis der Leipziger Buchmesse 2013 und dem Best Foreign Novel of the Year Award 2014 der Volksrepublik China ausgezeichnet. Zuletzt ist erschienen *Sich verlieben hilft. Über Bücher und Serien* und *Ein Zimmer im Hotel*.

Illustratorinnen und Illustratoren

Rada Akbar
*1988 in Kabul/Afghanistan, begann als Malerin, nahm an vielen Ausstellungen teil und wechselte dann zur Fotografie. Akbar setzt sich, auch in Dokumentarfilmen, besonders für die Frauen Afghanistans ein.

Ammar Al-Beik
*1972 in Damaskus/Syrien, ist Konzeptkünstler und Filmemacher. Al-Beik lebt heute in Berlin.

Fadi Al-Hamwi
*1986 in Damaskus/Syrien, graduierte mit einem Bachelor der Bildenden Künste (Öl- und Wandmalerei) an der dortigen Universität. Seine Arbeiten umfassen Malerei, Videokunst und Installationen.

Tania Al Kayyali
*1985 in Serbien. Die palästinensische Syrerin studierte an der Universität der Künste in Damaskus und arbeitet seit 2013 in Serbien, Syrien und den VAE als Grafikdesignerin, Illustratorin und Übersetzerin.

Luna Al-Mousli
*1990 in Melk/Österreich, in Damaskus aufgewachsen. Ihr Diplom erhielt sie an der Universität für Angewandte Kunst, Wien. Al-Mousli arbeitet als Autorin, Grafikdesignerin und Illustratorin in Wien.

Emman Alhasabani
in Suweida/Syrien geboren, studierte Malerei an der Universität der Künste in Damaskus. Ihre Arbeiten wurden bereits international ausgestellt und gewürdigt. Alhasabani lebt in Berlin.

Humam Alsalim
*1992 in Homs/Syrien, beendete in Damaskus 2015 erfolgreich sein Architekturstudium und arbeitet freiberuflich als Architekt und Künstler.

Sama Alshaibi
*1973 in Basra/Irak, ist Professorin für Fotografie und Videokunst an der Universität von Arizona. Alshaibi stellt in zahlreichen Museen und Institutionen aus. Sie untersucht die Dimensionen von Migration, Grenzen und Umwelteinflüssen.

Tammam Azzam
*1980 in Damaskus/Syrien, studierte dort Bildende Kunst mit der Spezialisierung Ölmalerei. 2001 graduierte er an der Darat al Funun Al-Sharif-Akademie. Er lebt seit 2015 in Delmenhorst.

Rami Bakhos
*1993 in Damaskus/Syrien. Dort studierte er an der Universität von Damaskus Architektur. Seit seinem Abschluss arbeitet er zusätzlich im Bereich Installation und Digital Art.

Adel Dauood
*1980 in Al-Hasakah/Syrien, bis 2011 Studium der Bildenden Künste. Dauood lebt und arbeitet heute in Wien, seine Bilder changieren zwischen Abstraktion und Konkretheit, Expressionismus und Surrealismus.

Jeanno Gaussi
*1973 in Kabul/Afghanistan. Gaussis Werke handeln von Mechanismen der Erinnerung, von der Suche nach Identität und sozialen sowie kulturellen Prozessen, die damit verknüpft sind.

Ala Hamameh
*1983 in Aleppo/Syrien. Hamameh studierte visuelle Kommunikation an der Universität der Künste in Damaskus. Hamamehs Werk umfasst Malerei, Fotografie, Videokunst und Kalligraphie.

Moshtari Hilal
*1993 in Kabul/Afghanistan. Hilal ist freischaffende Künstlerin und Illustratorin in Hamburg und Berlin. Sie beschäftigt sich mit Gesichtern, der schwarzen Linie und der Politik der Schönheit.

Omar Imam
ist preisgekrönter Fotograf. Er lebt in Amsterdam und ist Artist in Residence an der dortigen Rijksakademie. Seine Arbeiten werden durch die Catherine Edelman Gallery vertreten.

Hosam Katan
*1994 in Aleppo/Syrien, dokumentierte den dortigen Konflikt als freischaffender Fotograf für Reuters und den *Stern*. Zurzeit studiert er Fotojournalismus an der Fachhochschule Hannover.

Hala Namer
*1993 in Damaskus/Syrien, Autodidaktin im Bereich Collage und Video Art. Momentan ist sie Studentin an der Gerrit Rietveld Academie in Amsterdam.

Csaba Nemes
*1966 in Budapest/Ungarn, wo er auch studierte. Er beschäftigt sich mit Malerei, Video sowie Fotografie und lehrt in Pécs. Nemes Arbeiten sind in zahlreichen Sammlungen zu sehen, so in der Wiener Albertina.

Razan Sabbagh
*1988 in Damaskus/Syrien, studierte Visuelle Kommunikation an der Fakultät für Bildende Künste, Damaskus. Seit 2013 lebt Sabbagh in Hamburg. Ihr Werk umfasst Malerei, Performance und Installationen.

Yaser Safi
*1976 in Qamischli/Syrien, erwarb seinen Master of Fine Arts in Damaskus. Er hatte zahlreiche Gruppen- und Einzelausstellungen und ist in den Sammlungen vieler Museen vertreten. Safi lebt in Berlin.

Yara Said
*1991 in Damaskus/Syrien, hat ihren Bachelor of Fine Arts an der Universität Damaskus absolviert, ist nun Master-Studentin am Sandberg-Institut, Amsterdam. Sie arbeitet mit Malerei, Design und Illustration.

Batoul Sedawi
*1990 in Damaskus/Syrien. Sedawi studierte dort an der Universität der Künste. Momentan besucht sie den Studiengang Bildhauerei an der Universität der Künste in Berlin.

Hamid Sulaiman
*1986 in Damaskus/Syrien, studierte Architektur, arbeitet als Maler und Illustrator. 2011 floh er aus Syrien, seitdem lebt Sulaiman in Paris und ist international bekannt.

Majd Suliman
*1991 in Aleppo/Syrien, Künstler und Sozialarbeiter, machte Workshops mit Kindern in Syrien und der Türkei. 2015 kam er nach Deutschland, seit 2017 studiert an der Kunstakademie in Düsseldorf bei Katharina Grosse.

Giath Taha
*1982 in Damaskus/Syrien, studierte Angewandte Kunst und Fotografie. Taha arbeitete schon in Syrien für NGOs und die Agentur Reuters, seine Fotografien finden sich in zahlreichen Blogs und Zeitungen.

Keam Tallaa
*1987 in Damaskus/Syrien, studierte an der Universität der Künste in Damaskus, wo sie auch als Assistentin arbeitete. Sie hatte viele Gruppen- und Einzelausstellungen. Zurzeit studiert Tallaa an der Kunsthochschule in Strasbourg.

Khaled Youssef
In Syrien geboren, lebt heute in Nizza/Frankreich. Er ist Arzt, Fotograf und Poet sowie Co-Founder der Non-Profit-Organisation SYRIA.ART.

Osman Yousufi
*1989 in Aleppo/Syrien, studierte Physik in Damaskus. Yousufi ist Autodidakt in den Bereichen Literatur und Kunst. Er lebt seit 2014 in Wanne-Eickel.

Obaidah Zorik
*1990 in Masyaf/Syrien, studierte Malerei an der Fakultät für Bildende Künste, Damaskus. Er nahm an vielen Gruppenausstellungen teil und lebt seit 2015 in Bremen, wo er sich der Bildhauerei zuwandte.

Übersetzerinnen und Übersetzer

Mustafa Al-Slaiman
geboren in Jordanien, lebt in Berlin. Er arbeitet als Literaturübersetzer, Dolmetscher und Kulturvermittler. Seit 2009 ist er Programmleiter beim KALIMA-Verlag und berät die Buchmesse Abu Dhabi.

Susanne Baghestani
geboren in Teheran, lebt in Frankfurt/Main. Seit 1996 übersetzte sie bereits zahlreiche Erzählungen, Zeitungsartikel und Filme aus dem Persischen (Iran/Afghanistan).

Larissa Bender
ist Übersetzerin aus dem Arabischen, Journalistin und Arabischdozentin. Ihr Schwerpunktland ist Syrien. Sie hat zwei Bücher zu Syrien herausgegeben und zahlreiche syrische Autor*innen übersetzt.

Leila Chammaa
geboren in Beirut, lebt in Berlin. Sie studierte Islamwissenschaft, Arabistik und Politologie an der FU Berlin. Seit 1990 übersetzt sie arabische Prosa und Lyrik ins Deutsche.

Lilian Pithan
studierte Literaturwissenschaften, arbeitet als freie Journalistin in Berlin zu interkulturellem und grafischem Journalismus und ist seit 2017 Redakteurin des deutsch-arabischen Kulturmagazins *FANN*.

Suleman Taufiq
geboren in Damaskus, lebt in Aachen. Er ist Schriftsteller, Übersetzer und Kulturjournalist. 1971 zog er nach Deutschland. Er hat bislang 30 Bücher übersetzt und geschrieben.

Kerstin Wilsch
ist promovierte Übersetzerin und Dolmetscherin für Arabisch und Englisch. Seit 1995 lebt und arbeitet sie in Oxford, Tanger, Kairo und Amman.

Osman Yousufi
*1989 in Aleppo, lebt in Wanne-Eickel. Yousufi studierte Physik in Damaskus und hat für *Weiter Schreiben* die ersten arabischsprachigen Texte ins Deutsche übersetzt.

Kuratorinnen

Maritta Iseler
hat Kunstgeschichte studiert und promoviert. Nach einigen Jahren als Wissenschaftlerin studierte sie 2014/15 Bildredaktion an der Ostkreuzschule für Fotografie in Berlin. Sie hat internationale Ausstellungskataloge und Ausstellungen mitbetreut. Iseler arbeitet als freie Bildredakteurin und Kunsthistorikerin in verschiedenen Projekten.

Juliette Moarbes
hat Fotografie und Medienmanagement studiert. Neben ihrer Arbeit als freiberufliche Fotografin studierte sie 2012 Bildredaktion an der Ostkreuzschule für Fotografie. Sie arbeitet heute in beiden Bereichen und war schon an mehreren internationalen Publikationen beteiligt.

Bildnachweise

Cover
Omar Imam/Fotografie aus der Serie »Live, Love, Refugee«, 2014; Catherine Edelman Gallery.

Portraits der Autorinnen und Autoren
Ahmad Katlesh – Foto: privat. Ali Al-Kurdi – Foto: Ramy Al-Asheq. Annett Gröschner – Foto: Susanne Schleyer/Autorenarchiv.de. Antje Rávic Strubel – Foto: Zaia Alexander. David Wagner – Foto: Dirk Skiba. Fady Jomar – Foto: Ramy Al-Asheq. Galal Alahmadi – Foto: Piero Chiussi. Kristine Bilkau – Foto: privat. Lena Gorelik – Foto: Gerald von Foris. Lina Atfah – Foto: Juliette Moarbes. Mariam Meetra – Foto: Heike Steinweg. Martin Kordić – Foto: Seydlitz. Michael Krüger – Foto: Peter-Andreas Hassiepen. Monika Rinck – Foto: Gene Glover. Nino Haratischwili – Foto: Danny Merz. Noor Kanj – Foto: privat. Nora Bossong – Foto: Peter-Andreas Hassiepen. Olga Grjasnowa – Foto: Fietzek. Omar Al-Jaffal – Foto: Prithu Sanyal. Rabab Haidar – Foto: privat. Ramy Al-Asheq – Foto: Juliette Moarbes. Rasha Habbal – Foto: Almut Elhardt. Salma Salem – Foto: privat. Samuel Mago – Foto: privat. Saša Stanišić – Foto: Katja Samann. Souad Alkhateeb – Foto: privat. Svenja Leiber – Foto: privat. Tanja Dückers – Foto: Susanne Schleyer/Autorenarchiv.de. Ulla Lenze – Foto: Julien Menand. Widad Nabi – Foto: Heike Steinweg. Yamen Hussein – Foto: Fritz Beck.